TONY BUZAN & RAYMOND KEENE

(K)eine Frage des Alters

TONY BUZAN & RAYMOND KEENE

(K)eine Frage des Alters

Aus dem Englischen von Jürgen Schilling

Das geistige Potential und die Leistungsfähigkeit erhalten und stärken

Die Deutsche Bibliothek - CIP-Einheitsaufnahme

Buzan, Tony:
(K)eine Frage des Alters : das geistige Potential und die
Leistungsfähigkeit erhalten und stärken / Tony Buzan/Raymond
Keene. Aus dem Engl. übers. von Jürgen Schilling. - Landsberg am
Lech : mvg-verl., 1999
   (mvg-Paperbacks ; 08629)
   Einheitssacht.: The age heresy <dt.>
   ISBN 3-478-08629-9

Copyright © 1996 by Tony Buzan und Raymond Keene
First published by Ebury Press, an Imprint of Random House, 20 Vauxhall
Bridge Road, London SW1V 2SA in 1996.
Titel der amerikanischen Originalausgabe: „The Age Heresy".
Übersetzt aus dem Englischen von Jürgen Schilling

© der deutschsprachigen Ausgabe 1999 bei mvg-verlag im verlag moderne
industrie AG, Landsberg am Lech

Umschlaggestaltung: Felix Weinold, Schwabmünchen
Satz: Fotosatz Buck, Kumhausen
Druck- und Bindearbeiten: Presse-Druck, Augsburg
Printed in Germany 080 629/899 502
ISBN 3-478-08629-9

Inhalt

Widmung

Die Autoren widmen dieses Buch Jean Buzan und möchten damit auch ihre Intelligenz, Weisheit, ihr eindrucksvolles persönliches Vorbild und ihre andauernden Leistungen im Bereich Gerontologie ehren.

Danksagung

Die Autoren möchten folgenden Menschen für ihren ideellen und materiellen Beitrag zu diesem Buch danken: Der Mindmapping-Trainerin Bridget Phillips; dem internationalen Schachmeister Byron Jacobs und dem Weltmeister der Weltschachföderation Andrew Kinsman; der Zeitschrift *Use Your Head*; der Großmeisterin der *Mind-Maps* Vanda North; Rikki Hunt; Professor Ben Zander; Jean Buzan; Professor Barry Buzan; John Naisbitt; dem Gedächtnisweltmeister Dominic O'Brien; Sir Brian Tovey; Lady Mary Tovey; Dr. Andrew Strigner; Professor Marvin Minsky vom *Massachusetts Institute of Technology*; Dr. Diana Woodruff; Professor Nathan Divinsky von der *University of British Columbia*; Jean Sewell; Julian Shuckburgh und Margaret Little; Louise Betwin und den Mitarbeitern von *Prontaprint*, Lavender Hill, London; Lesley Bias und Sandy Zambaux; David Cleaves und Tom Benning; Anna Sanderson, Nicky Thompson und Mandy Greenfield; dem Autor und der Künstlerin Mike und Nusa Gelb. Unser Dank gilt insbesondere Lady Mary für ihre Mind-Maps.

Ganz außergewöhnlicher Dank gilt „Brain" Clivaz, dem Geschäftsführer des Spitzenrestaurants *Simpsons-in-the-Strand* in London, der die Autoren im April 1995 zum dort vor einem VIP-Publikum abgehaltenen Symposium mit dem Titel „The Methuselah Mandate" (Das Methusalem-Mandat) eingeladen hat.

Tony Buzan
Raymond Keene

Vorwort
Von Jean Buzan, MA (geb. 1916)

„Sie werden nicht älter, sondern immer besser!"

Weit verbreitete Täuschungen

Es ist ein weit verbreiteter Irrtum, daß unsere mentalen Fähigkeiten mit zunehmenden Alter schwinden, dennoch sind viele davon überzeugt, daß dem so ist. Glauben Sie, daß Tag für Tag eine gewisse Anzahl Gehirnzellen absterben und daß die Leistungsfähigkeit Ihres Gehirns mit zunehmendem Alter abnimmt, bis Sie – wenn Sie nur alt genug werden – schließlich „senil" sind?

Ich selber habe das viele Jahre lang geglaubt, wie Milliarden anderer Menschen.

Dabei haben die „Experten" uns nicht absichtlich in die Irre geführt – nein, sie glaubten, was sie sagten. Man erzählt sich, daß zwei junge Ärzte vor vielen Jahren bei einer Autopsie feststellten, daß das Gehirn älterer Menschen meistens etwas leichter ist, als das von jüngeren. „Das erklärt das Nachlassen mentaler Fähigkeiten", stellte einer der beiden fest. Diesem vernünftigen, aber unwissenschaftlichen Schluß haben wir es zu verdanken, daß diese Annahme zur „Tatsache" wurde.

Vielleicht handelt es sich hier um eine Anekdote, aber die Geschichte, daß wir im Laufe unseres Lebens abermillionen Gehirnzellen verlieren, gehört fast schon zum Allgemeinwissen.

Verändern Sie Ihr Leben

Die vor kurzem entdeckte Wahrheit ist jedoch viel glaubwürdiger, und sie zu kennen, kann Ihr Leben ändern.

Erstens besteht der Verstand oder der Intellekt beziehungsweise unsere Intelligenz nicht aus einer begrenzten Anzahl Gehirnzellen, von denen täglich einige/viele absterben und nicht erneuert werden können. Die Fähigkeiten des unglaublich leistungsfähigen 1,6 Kilogramm schweren Computers in Ihrem Kopf beruhen auf den Verbindungen zwischen den Neuronen. Die Anzahl dieser Verbindungen, lieber Gehirnbesitzer, ist potentiell unendlich!

Nun gut, sagen Sie vielleicht, aber was ist mit dem geringeren Gewicht der Gehirne, die wir oben erwähnten? Meiner Meinung nach resultiert dies lediglich aus dem Flüssigkeitsverlust, den die meisten Menschen im Alter erleiden. Das ist übrigens nicht unvermeidlich, meine ich. Aber wer trinkt schon die acht Gläser Wasser, die man eigentlich täglich trinken sollte?

Es gab jedoch noch einen ernsteren Grund, weshalb der Irrtum so lange überlebte. Als man anfing, den IQ zu testen, verglichen die Psychologen verschiedene Studien von jüngeren und älteren Menschen und „bewiesen", daß letztere sehr viel weniger intelligent waren. Also zog man den Schluß: Im Alter nehmen die mentalen Fähigkeiten ab.

Bei den vergleichenden Studien ging es natürlich um durchschnittliche Werte und sie wurden auf sehr einfache Art und Weise durchgeführt – zu einfach! Zwei Gruppen, ältere und jüngere Menschen, nahmen jeweils an einem zeitlich begrenzten IQ-Test teil. Da die jüngere Gruppe durchgehend bessere Leistungen erbrachte, schloß man, daß die intellektuellen Fähigkeiten im Alter nachlassen.

Eine andere Überzeugung

Dann aber gab ein cleverer Psychologe älteren Menschen versuchsweise mehr Zeit. Es zeigte sich, daß sie zwar ein wenig länger brauchten, aber dann auch bedeutend bessere Resultate erzielten, die vergleichbar waren mit denen der jüngeren Gruppe. Daß sie mehr Zeit brauchten, erklärte sich aus folgender Tatsache: Die älteren Probanden kannten die Tests nicht, die für die jüngeren allerdings ziemlich normal waren, und außerdem enthält das Gehirn älterer Menschen viel mehr Erfahrungen und muß daher beim Nachdenken über die Fragen mehr Informationen durchforsten.

Der Wettbewerb mit den eigenen Resultaten

Schließlich entwickelten Psychologen Langzeittests und testeten Menschen alljährlich über viele Jahre hinweg, anschließend wurden diese Resultate mit denen aus den Vorjahren verglichen. Und, wie meinen Sie, lautete das Ergebnis? Die Teilnehmer an Langzeittests verbesserten ihre Leistungen im Laufe der Jahre.

Das ist eine aufregende, neue Information! Es bedeutet, daß Sie, sofern Sie an sich selber glauben und Ihr Gehirn kontinuierlich anspornen, in Wirklichkeit nicht schwächer, sondern mental immer leistungsfähiger werden!

Jean Buzan

Die Macht des freien Willens

Professor David Suzuki ist Genetiker an der University of Columbia. Er hat überzeugende Argumente dafür, daß – obwohl Gene eine fundamentale Rolle bei der Festlegung des menschlichen Charakters spielen –, „nicht jene Gene die Hauptrolle spielen, die unser Tun determinieren, sondern jene, die es uns ermöglichen, unser Verhalten an die sich wandelnde Umwelt anzupassen."

Kurz: Bestimmte Gene gewährleisten, daß das, was wir freien Willen nennen, auch tatsächlich funktioniert. Nach Meinung des Professors läuft die Evolution höherer Säugetiere darauf hinaus, daß eine zunehmende Anzahl Gene ihre Kontrollfunktion dem Gehirn übergeben, so daß Menschen allmählich immer unabhängiger von ihrem genetischen Erbe werden.

Seit Menschengedenken debattieren Philosophen über den Widerspruch zwischen freiem Willen und Bestimmung; eine Debatte, die im Laufe der Jahrhunderte und Jahrtausende vielerlei Formen angenommen hat. Der Philosoph Spinoza argumentierte in seiner *Ethik*, daß es keinerlei freien Willen gibt und daß jeder Umstand von absolut logischen Erfordernissen regiert wird; alle Ereignisse sind eine Manifestation des göttlichen Wesens, und es ist logisch unmöglich, daß die Ereignisse einen anderen Verlauf nehmen könnten, als sie es tun. Andere Philosophen waren nicht sehr glücklich mit diesem rigiden, deterministischen Rahmen, der jedem seinen festen Platz in einem Universum zuweist, das wie ein Uhrwerk funktioniert, welches Gott am

Anfang aufgezogen und in Gang gesetzt hat, und in dem jeder seiner vorherbestimmten Bahn folgt, bis das Räderwerk schließlich abgelaufen ist.

Ein anderer Aspekt dieser Debatte bezieht sich auf den Widerspruch zwischen Natur und Erziehung. Sind wir Menschen ein Extrakt des genetischen Materials unserer Vorfahren, oder werden wir maßgeblich von unserem Umfeld beeinflußt? Deterministisch eingestellte Zeitgenossen vertreten den Standpunkt, daß unser menschliches Potential bis in alle Einzelheiten eine Sache der Gene ist, die wir bei der Geburt mitbekommen, und daß sich daran wenig ändern läßt. Die Gene spielen, was die körperliche Entwicklung betrifft, sicherlich eine wesentliche Rolle: Wenn die Eltern beide eine durchschnittliche Körpergröße haben, wird ihr Nachkomme wohl kaum ein Riese werden. Was hingegen die mentale Entwicklung betrifft, so ist unser Gehirn fähig, phänomenale Informationsmengen aufzunehmen, und je mehr man es anregt, desto mehr wird es erreichen – und das gilt für jedes Alter! In Kapitel vier werden wir beispielsweise das sehr wichtige PEFNAT-Modell vorstellen, mit dem man seine Fähigkeit, sich zu ändern und sich anzupassen, ausbauen kann.

In diesem Buch befassen sich die Autoren mit dem immer größer werdenden Berg an Informationen, wodurch belegt wird, daß unser Gehirn durch Stimulation immer mehr wächst und gedeiht. Je mehr man es stimuliert, desto besser entwickelt es sich – und zwar in jeder Lebensphase.

Der Leonardo in jedem

Im Prinzip kann jeder Mensch zu einem Leonardo da Vinci werden! Oder zu einem Michelangelo, dem größten Bildhauer der Renaissance, der sagte, er „befreie lediglich das Bild, das im Stein verborgen ist". Man kann auch die zukünftige menschliche Entwicklung auf diese Weise betrachten.

Wenn Sie Ihr Gehirn so nutzen, wie es genutzt werden sollte – und die Autoren skizzieren in diesem Buch eine passende Nutzungsstrategie –, so ist das Entwicklungspotential Ihres Gehirns unendlich groß.

Tony Buzan und Ray Keene

Wesentliche Faktoren würdigen Alterns

Die Geschichte bietet genügend Beispiele für herausragende Leistungen im Alter – von Michelangelo bis zu Yehudi Menuhin.

Wesentliche Faktoren sind:

- *Soziales Engagement*
Wer sich aus dem sozialen Leben zurückzieht, dessen Fähigkeiten lassen am stärksten nach.
- *Mentale Aktivität*
Die verbale Intelligenz gut ausgebildeter Menschen, die ihren intellektuellen Interessen dauerhaft nachgehen, nimmt mit dem Alter zu.
- *Flexible Persönlichkeit*
Eine Studie belegt, daß Menschen, die in ihren mittleren Jahren keinerlei Schwierigkeiten mit Vieldeutigkeit haben und neue Erfahrungen genießen, auch im Alter alert sind.

Diese neue Sichtweise und viele Daten widersprechen dem Gedanken, daß das Gehirn mit zunehmendem Alter immer schneller degeneriert. Die weitverbreitete Überzeugung, daß es im Alter zu einem verheerenden Verlust an Gehirnzellen käme, und das dazugehörige Credo, daß jedes Glas Alkohol eine Menge Gehirnzellen zerstört, ist offensichtlich unbegründet. Marion Diamond vom Institut für Neuroanatomie an der University of Berkeley *hat nach der Quelle für diese Ansicht gesucht und konnte keine Studie finden, die dies bewiesen hätte.*

Schwimmrekorde beweisen, daß das Alter keine Geschwindigkeitsbegrenzung darstellt
Die Statistik der World Masters Swimming Division *vom November 1995 listet folgende Rekorde im 50-Meter-Freistil männlicher Schwimmer auf: 35 bis 39 Jahre 23,25 Sekunden; 55 bis 59 Jahre 27,05 Sekunden und 80 bis 84 Jahre 34 Sekunden. Der Leistungsrückgang ist überraschend gering. Die Rekorde der Schwimmerinnen liegen in allen Altersklassen fünf Sekunden hinter denen ihrer männlichen Kollegen und zeigen einen ähnlich geringen Leistungsrückgang.*

Einführung

Dieses Buch richtet sich vor allem an jene Generation, die heute zwischen 40 und 50 Jahre alt ist, die sogenannten *Babyboomer*, die in den entwickelten Ländern sehr viel Einfluß haben. Aber natürlich richten wir uns auch an Menschen über 50, die sich ernsthaft weiterentwickeln möchten. Und selbstverständlich kann man ein Buch, das beschreibt, wie man seine mentale Leistungsfähigkeit erweitern kann, in jedem Alter nutzen, egal, ob man 8 oder 118 Jahre alt ist! Man kann nie zu früh oder zu spät anfangen.

Im wesentlichen bietet dieses Buch Ihnen, liebe Leserin und lieber Leser, hinsichtlich Ihrer Zukunftserwartungen und -befürchtungen praktische Ratschläge und Lösungen. Sie wollen zweifellos wissen, wie Sie sich körperlich und mental über die Lebensmitte hinaus fit halten, wie Sie dem Ansturm der jüngeren Generationen standhalten und wie Sie den negativen Stereotypen entgegentreten können, die Ihnen überall begegnen: „Erfahrung ist kein Ersatz für jugendliche Spannkraft und Anpassungsfähigkeit" zum Beispiel. Kurz und gut: Sie möchten Ihr persönliches Potential maximal erweitern und wollen nicht auf dem Abfallhaufen der Geschichte landen, nur weil die Jahre ins Land gezogen sind.

Wir werden unserer Ratschläge mit Geschichten über außerordentliche Leistungen im hohen Alter illustrieren – Anekdoten würzen den Text und können der Inspiration dienen. Dieses Buch kann dreierlei bewirken:

1. Es trifft den Ton der immer älter werdenden Weltbevölkerung und behandelt auf eindringliche Art und Weise wichtige Themen – die Sie als Ihre eigenen erkennen werden.

Brain Flash

Das teure Klagelied ausgestoßener Engländer in der Lebensmitte

„Dieses Jahr werden viele meiner Freunde 50. Der eine oder andere, der viel Geld und Erfolg hat, veranstaltet tolle Partys. Aber seine Gäste haben Probleme. Für viele ist das Erreichen dieser runden Zahl auch das Ende einer Karriere, die sie sich länger und erfolgreicher vorgestellt hatten. Zu ihrer Überraschung gehören sie zu jenem Fett, das wegen der neuesten Diät des Unternehmens weg muß. Einige fallen einer Schlankheitskur im mittleren Management multinationaler Unternehmen zum Opfer, bei der das Alter oftmals das erste Suchkriterium beim Ausdünnen der Belegschaft ist. Profis, die vom gut verdienenden Mainstream abgeschnitten werden, um Jüngeren Platz zu machen, bemerken zu ihrem Leidwesen, daß sie eigentlich nur noch als peinlich gelten, wenn das Fett der 80er Jahre reduziert wird. Eine ganze Generation Männer – und es sind fast nur Männer – purzelt von den Pyramiden der Wirtschaft hinunter."

2. Es bietet viele neue Wege, Ihr Gehirn anzuregen und motiviert Sie, fit und gesund zu bleiben. Bedenken Sie immer: Je mehr Anregung Sie erfahren, desto mehr werden Sie erreichen können.
3. Es untermauert die Informationen mit Geschichten von Menschen, die erst später im Leben den Weg zum Erfolg eingeschlagen haben – die beispielsweise erst nach ihrer Ausbildung gelernt haben, wie man lernt, oder wie man selbständig denkt. Außerdem berichten wir, was Leute unternommen haben, die sich erst im hohen Alter einen Namen machten. Zu den inspirierenden Vorbildern gehört auch die 100jährige australische Großmutter, die einen Schwimmrekord gebrochen hat, oder die Verteidigung eines 80jährigen Autors griechischer Dramen in einem Prozeß, den sein Sohn gegen ihn anstrengt hatte.

Der Ursprung der Genialität

Im Rahmen unserer jahrzehntelangen Erforschung großer Geister der Vergangenheit und Gegenwart waren wir immer wieder erstaunt über die außergewöhnliche Kraft, Energie, die starken Ambitionen und den enormen Elan von Menschen in einem Alter, von dem es meist heißt, man würde immer langsamer und träger. In unserer Zeit herrscht ein Kult der Jugendlichkeit, und so neigt man weit mehr als je zuvor dazu, Leute über 50 (und sogar schon über 40) als für die Gesellschaft wertlos zu betrachten, damit sie den Jüngeren Platz machen.

Dennoch widerspricht alles, was wir über die Großen in Erfahrung bringen konnten, dieser konventionellen, modernen Weisheit. Zu unserer Überraschung stellten wir auch fest, daß das Werk großer Genies mit zunehmendem Alter immer besser wird. Das galt beispielsweise für Goethe, Shakespeare, Beethoven, Michelangelo... In vielen Fällen war ihr größtes Meisterwerk zugleich auch ihr letztes.

Der Koautor Tony Buzan ist darüber hinaus bei seinen Vortragsreisen in zunehmendem Maß von der großen Neugier und Lernbereitschaft des älteren Publikums weltweit beeindruckt. Ein weiteres Beispiel, das dem heute akzeptierten Stereotyp widerspricht, ältere Leute seien neuen Informationen und Techniken gegenüber verschlossen.

Wissenschaftliche und mentale Beweise

Das heute vorliegende Beweismaterial, das wir in diesem Buch zitieren, unterstützt unsere neue Sicht auf den Alterungsprozeß. Vieles weist darauf hin, daß der alternde Mensch, der sein Gehirn entsprechend nutzt, dieses dadurch auch physisch ändert, so daß die synaptischen Nervenverbindungen sich vervielfältigen und effektiver funktionieren und die Assoziationsfähigkeit stärken. Die Autopsie von Einsteins Gehirn nach seinem Tod ist ein gutes Beispiel: Es enthielt 400mal so viele Gliazellen als ein normales Gehirn. Da diese Zellen die Verbindungen zwischen den Nervenzellen stärken, dürfte das seine Assoziationsfähigkeit weit über das gewöhnliche Maß hinaus gesteigert haben. Vielleicht war Einstein eine Ausnahme, aber er ist dennoch ein gutes Vorbild für uns alle.

Die Vorzüge permanenter Herausforderungen

Wir werden dem Mißverständnis entgegentreten, daß das Gehirn mit zunehmendem Alter gezwungenermaßen schlechter funktioniert. Es wird allgemein angenommen, daß man mit steigendem Alter Tag für Tag viele Millionen Gehirnzellen verliert. Das ist allerdings keineswegs richtig. Es ist eine alte Zeitungsente, die immer wieder kursiert, für die es jedoch keinerlei Beweise gibt. Wir widerlegen diese gefährliche Lüge mit Zitaten aus gut erforschten, wissenschaftlichen Quellen. Weit entfernt davon, daß Gehirnzellen im Alter absterben, lassen sich synaptische Verbindungen durch ein geeignetes Training verbessern. Wenn man sich permanent Herausforderungen und der Lösung von Problemen widmet, verbessert man seine Gehirnleistungen.

Weise Menschen

In früheren Gesellschaftsformen gab es andere und würdigere Begriffe für ältere Menschen: Patriarchen, Stammesmütter, Orakel, der Weise, Älteste und Seher – um nur einige zu nennen. Im Gegensatz dazu schreibt die moderne Gesellschaft älteren Menschen negative Charaktereigenschaften zu: Starrsinn, Dickköpfigkeit, Rechthaberei... Wie ist es dazu gekommen? Eigentlich sind diese Begriffe ja nur die Umkehrung positiver Eigenschaften. So könnte man „Starrsinn" zum Beispiel mit „Beharrlichkeit" übersetzen. Es ist wichtig, Abwertungen neu zu definieren, um die ihnen zugrundeliegenden positiven Begriffe erkennen zu können.

Wie man Gehirnleistungen steigert

Natürlich empfehlen wir körperliche Übungen mit einem aerobischen Element, betonen die Bedeutung einer ausgeglichenen Ernährung, die schädliche Wirkung des Rauchens und übermäßigen Trinkens. Darüber hinaus heben wir natürlich die Bedeutung mentalen Trainings besonders hervor. Wir befürworten Denksport, Kreuzwort- und andere Rätsel sowie ähnliches, als gute Freiübung für das Gehirn und als Herausforderung an Ihre mentalen Fähigkeiten. Wir befassen uns mit Techniken, mit denen man sein Gedächtnis und seine Kreativität fördern kann und zeigen auf, wie man als 50jähriger ein gleichwertiger und sogar fähigerer Wettbewerber als seine jüngeren Rivalen sein kann. Auf einer ganz anderen Ebene neigen immer mehr Mediziner zu der Überzeugung, daß bei einer Alzheimer-Erkrankung hauptsächlich inaktive Gehirnteile zerfallen. Wir werden uns näher mit diesem Gedanken befassen sowie damit, ob und wie man dieser Krankheit vorbeugen oder sie gar rückgängig machen kann.

Unser Programm besteht aus praktischen Schritten mit konkreten Beispielen. Unser Ziel dabei ist es, unsere Leserinnen und Leser zu ermutigen, wieder stolz auf sich zu sein, ihre Vorstellungskraft und Kreativität zu fordern und zu erweitern und damit auch ihre Leistungen. Die unweigerliche Frage lautet dann wahrscheinlich: Wie schaffe ich den Anfang, wie starte ich? Auch in dieser Hinsicht bieten wir realistischen und praktischen Rat!

Aerobische Übungen

Aerobische Übungen sind deshalb so wertvoll, weil sie die Effizienz unseres Körpers steigern, mit der er Sauerstoff transportiert. Es gibt eine riesige Palette aerobischer Übungen: von einem flotten Spaziergang mit dem Hund bis hin zu einem anstrengenden Squash-Spiel, ebenso Schwimmen, Radfahren, Seilspringen oder Zirkeltraining mit Gewichten.

In Kapitel sieben und acht finden Sie ausführliche Richtlinien, wie Sie Herz und Kreislauf gesund halten und ihre Leistung weiter steigern können.

Denksport

Nachdem wir uns mit dem Körper befaßt und auf die allzu oft vernachlässigte Tatsache hingewiesen haben, daß das Gehirn ja Teil des Körpers ist, widmen wir uns dem lebenswichtigen Bereich mentaler Anregung. Dazu gehören natürlich der Denksport, „Kopfnüsse" und Rätsel.

Am 21. Januar 1995 veröffentlichte der *Daily Telegraph* einen Artikel, in dem es hieß, die Leser hätten einen unstillbaren Hunger nach Denksport, wie die enorme Korrespondenz zu diesem Thema beweise. Daher würde man ab heute eigens einen Redakteur benennen und eine ganze Seite dafür einrichten! Inzwischen veröffentlicht auch *The Times* täglich Artikel über Bridge und Schach, wobei letztere aus der Feder des Koautors dieses Buches stammen, dem Schachgroßmeister Ray Keene.

Gedächtnis

Wir zeigen Ihnen auch Mnemotechniken, die man dem alltäglichen Bedarf ohne weiteres anpassen kann. Dazu gehört das „Gedächtnistheater" und Tony Buzans Spezialität: die bunten Mind-Maps, mit denen man sich bei Prüfungen oder Präsentationen relativ leicht an komplexe Formeln, Listen, Vorträge oder Notizen erinnern kann. Mindmapping macht Spaß, inspiriert und ist obendrein außerordentlich nützlich.

Brain Flash

Symbole der Intelligenz

Warum ist Denksport und insbesondere Schach so wichtig? Im Verlauf der Kulturgeschichte wurden mentale Höchstleistungen immer schon mit Intelligenz in Verbindung gebracht; die Menschheit beschäftigt sich schon sehr, sehr lange mit Denksport. Dr. Irving Finkel der die Abteilung für westasiatische Altertümer am Britischen Museum leitet, weist darauf hin, daß man in Palästina und Jordanien über 7000 Jahre alte Spielbretter aus der Steinzeit gefunden hat. Erstaunlich ist, daß diese Spiele – nach dem heutigen Wissensstand – vor der Entwicklung der Schrift und Töpferei erfunden wurden. Da viele dieser Brettspiele eine Grabbeigabe waren, nimmt man an, daß die Seelen der Verstorbenen mit den Göttern der Unterwelt spielen mußten, um sicher ins Jenseits zu gelangen.

Brettspiele gelten heute zwar nicht mehr als eine Art IQ-Test für die Verstorbenen, aber sie sind nach wie vor wirkungsvolle Symbole für Intelligenz.

Kreativität

Wie kann man Kreativität steigern? Von den meisten über 40jährigen erwartet man immer weniger Kreativität. In akademischen Kreisen ist es beispielsweise ein Allgemeinplatz, daß Leute über 26 keine für die Mathematik wertvollen Forschungsergebnisse mehr liefern. Und es stimmt ja auch: Die meisten Menschen glauben fälschlicherweise, ihre Kreativität nähme ab, und meinen, je mehr Ideen sie hätten, desto mehr ließe deren Qualität zu wünschen übrig; das heißt: Steigende Quantität führe zu einer geringeren Qualität. In diesem Buch werden wir die weitverbreiteten Irrtümer über die altersbedingt sinkende Kreativität entlarven. Für manche Zuhörer von Tony Buzans Vorträgen hat sich durch diese Enthüllungen „das Leben verändert".

Die Altersbarriere durchbrechen

Heutzutage herrscht bei Genetikern der Gedanke, das maximale Alter für Menschen läge zwischen etwa 85 und höchstens 125 Lebensjahren. Auf die jüngsten wissenschaftlichen Erkenntnisse aufbauend erforschen wir, ob man diese Altersbarriere durchbrechen kann. Dies ist sowohl philosophisch als auch medizinisch eine außergewöhnlich wichtige Frage.

Sex

Wir betrachten das Gehirn unter dem Blickwinkel der Sexualität, der Liebe und der Romantik. Ist es besser, wenn man 70 ist? Wir zeigen auf, daß Ihre Sexualität, sofern Sie sich fit halten und mental wach bleiben, nicht abnimmt, sondern im Gegenteil eine Quelle stetig zunehmenden Genusses ist.

Das Methusalem-Mandat – das Goldene Alter

Wir befassen uns mit einigen großen Alten, insbesondere mit bemerkenswerten Künstlern, Entscheidungsträgern, preisgekrönten Denksportlern und erfolgreichen Menschen, deren Arbeit mit steigendem

Alter immer besser wurde. Wir würzen unseren Text mit kuriosen oder faszinierenden Beispielen von Menschen, die etwas Außerordentliches geleistet haben: so z.B. der Cricketspieler Charles Absolon, der im 19. Jahrhundert in der Zeit zwischen seinem 60. und 90. Lebensjahr 8.500 Wickets und 26.000 Runs in der Oberliga schaffte. Im Alter von 57 Jahren schaffte er in einer einzigen Saison 500 Wickets (offizielle Zählung nach Wisden). Und wir nehmen erstaunliche Leistungen des Denksports und außerordentliche Rekorde bei der Veteranenolympiade unter die Lupe.

Statistische Rekorde

Die Statistiken zeigen massive Fortschritte der älteren Generationen im Laufe der Zeit: Die Geschwindigkeit, Ausdauer, Kraft und Flexibilität nehmen statistisch immer weiter zu, nicht zuletzt, weil sie ihren Körper auf vielerlei Ebenen fit und gesund halten.

Schlußfolgerung

Unser zentrales Thema ist eine Sensation und stellt das konventionelle Denken auf den Kopf! Ihr Gehirn leistet in zunehmendem Alter mehr – sofern es gut genutzt wird. Wir zeigen, wie andere das geschafft haben und wie unsere Leserinnen und Leser dies selbst bewerkstelligen können.

Unsere revolutionäre, neue These bestätigt, was eigentlich logisch ist, wenn man mal kurz darüber nachdenkt: Ältere haben mehr – und nicht weniger – Erfahrung als junge Menschen und sind daher anpassungsfähiger, wenn sie umgeschult werden oder gezwungen sind, hinsichtlich der Leistungsfähigkeit ihres Gehirns mit jüngeren Generationen zu konkurrieren.

Immer noch wettbewerbsfähig!

Viele Menschen fürchten sich vor dem Ruhestand und haben zugleich das Gefühl, daß sie der Gesellschaft dank ihrer Erfahrung noch viel zu bieten haben, was sonst verloren ginge.

Dieses Buch erklärt klar, eindeutig und anhand der neuesten wissenschaftlichen Beweise: Ihr Denken, Ihre Kreativität und Ihr Potential kann mit zunehmendem Alter wachsen und muß nicht nachlassen. Viele Menschen, die weit mehr Freizeit haben als zuvor, glauben nach wie vor leidenschaftlich, daß sie immer noch erstaunliche Leistungen vollbringen können. Und da es kaum noch Arbeitsplätze gibt, die man ein Leben lang innehat, geht der Trend dahin, daß man auch in seinem späteren Leben noch wettbewerbsfähig sein muß. Wir zeigen Ihnen, wie!

Globale Megatrends und Sie

Die sogenannten *Babyboomer*, jene Generation die kurz nach dem Zweiten Weltkrieg geboren wurde, war auch ein Ausdruck der Hoffnung, oder – in den Worten des genialen Charles Dickens – der „Großen Erwartungen".[1] Die *Babyboomer* waren und sind auch heute noch eine riesige Konsumentengruppe, die Trends setzt. Im Jahr 1996 beispielsweise wurde alle 17 Sekunden jemand ein halbes Jahrhundert alt! Leute im vierten und fünften Lebensjahrzehnt fragen sich heute, was die Zukunft für sie bringt. Aber auch die Regierungen weltweit stellen Überlegungen an, wie sie am besten für diese Generation sorgen und von ihr profitieren können. Werden sie der Wirtschaft auf der Tasche liegen, oder sind sie vielmehr eine Ressource? Von den über fünf Milliarden Menschen auf diesem Planeten wird schon bald mehr als die Hälfte über 50 Jahre alt sein. Eine weitere Sensation in diesem Zusammenhang ist, daß diese Gruppe in der nächsten Dekade aller Voraussicht nach über 70% des Reichtums der Welt besitzen wird.

Die Autoren gehören zu dieser Generation. Wir wissen, wovon wir sprechen: Wir verstehen die Probleme und haben unsere eigenen Lösungen erarbeitet. Wir können also glaubwürdig über die Lösungen sprechen, die wir Ihnen vorlegen werden. Wir produzieren keine Hypothesen sondern praktizieren vielmehr beide, was wir predigen!

---

[1] „Große Erwartungen", Titel eines Buches von Charles Dickens.

Welche Schritte sollte ich nun unternehmen?

Lesen Sie dieses Buch! Am Kapitelende finden Sie jeweils konkrete Empfehlungen und praktische Schritte, wie Sie sich weiterentwickeln können. Wenn körperliche (und Gehirn-) Funktionen schwinden, kann man dies in unterschiedlichem Maß meist den folgenden Gründen zuschreiben:

1. Zuwenig Übung und eine ungesunde Ernährung
2. Rauchen und übermäßiges Trinken
3. Die Anpassung an herrschende Verhaltensmuster (d.h. Sie verhalten sich nicht so, wie Sie sich fühlen, sondern so, wie man sich als älterer Mensch vermeintlich verhalten sollte).

Wenn Sie die eben genannten Gründe ins Auge fassen – und sich anpassen –, können auch Sie ein erfülltes Leben führen. Dieses Buch zeigt Ihnen, was Sie tun und was Sie besser lassen sollten, damit Sie dieses Ziel erreichen.

Wenn Sie sich motivieren, konstant nach Anregungen suchen und sich fit und gesund halten, können auch Sie zum Superstar werden.

Brain Flash

Finanzkraft

Gemäß einer Prognose des Henley Centers *wird die Zahl der Menschen zwischen 45 und 59 in Großbritannien im Jahr 2000 auf fast neun Millionen steigen. Diese Zahl liegt deshalb so hoch, weil die Generation, die dieses Alter erreicht, zu den Babyboomern gehört, die in den ersten fünf Jahren nach dem Zweiten Weltkrieg geboren wurden.*

In England machen 10 Millionen Menschen über 50 wenigstens einmal pro Jahr Ferien. Frei von der finanziellen Bürde der Kindererziehung und von Hypotheken stehen vielen Menschen in diesem Alter sehr große Summen zur Verfügung.

Die über 50jährigen von heute sind „fitter und abenteuerlustiger" als die vorangegangenen Generationen und fürchten sich auch als 70jährige nicht davor, sportlich aktiv zu werden und beispielsweise Ski zu fahren. Die Menschen gehen heutzutage früher in den Ruhestand und sind dabei gesünder.

Kapitel eins

Die Geburt einer Idee

„Im Wohlstand ist Bildung ein Ornament und bei Gegenwind gewährt sie uns Schutz, im Alter wird sie zu großem Reichtum. Gebildete Männer und Frauen stehen über den Ungebildeten, wie die Lebenden über den Toten stehen."

Aristoteles

In diesem Kapitel erklären die beiden Autoren, wie sie an unterschiedlichen Orten und zur gleichen Zeit fasziniert an der Frage arbeiteten, weshalb man allgemein sagt, daß das Gehirn ab dem 26. Lebensjahr seine Leistungsfähigkeit verliert, während die Menschen, mit denen sie sich befaßten – die großen Genies – im Laufe der Zeit immer bessere Leistungen erbrachten. Es ist schon fast ein mystisches Ereignis, wenn zwei Menschen an verschiedenen Orten zur gleichen Zeit an ein und derselben Sache arbeiten und in dieselbe Richtung tendieren.

Im Laufe unserer Forschungen stießen wir auf Statistiken, die belegten, daß das auf der Ebene der Atome und der Anatomie im Gehirn innewohnende Potential unendlich viel größer ist, als man allgemein annimmt. Das führt zu dem unausweichlichen Schluß, daß das menschliche Wachstumspotential im Laufe eines Lebens systematisch und ganz enorm unterschätzt worden ist. Die mit dieser Information verknüpfte Hoffnung gehört zu den großen Meilensteinen der Menschheit auf dem Weg in und durch das nächste Jahrtausend.

Das menschliche Gehirn und seine Intelligenz

Die Geburt dieses Buches läßt sich auf drei besondere Momente zurückführen, die schließlich zusammenkamen und „funkten" und damit das Feuer einer neuen Idee entfachten.

Die erste Saat

Die erste Saat wurde im Mai 1973 gepflanzt, als Tony Buzan Redakteur für internationale Angelegenheiten bei der Mitgliederzeitschrift von *Mensa* war, einem Verein für Menschen mit einem hohen IQ. Man bat ihn, das Wissen zusammenzufassen, das er über das Gehirn und die Intelligenz zusammengetragen hatte, und eine Empfehlung zu erarbeiten. Hier sind seine Schlußfolgerungen:

In allen Wissenszweigen – in der Biochemie, Mathematik, Physik, Psychologie und Philosophie – zieht ein und dasselbe Thema immer mehr Forscher an: Das Körper-Geist-Problem und die damit zusammenhängenden Fragen bezüglich des Gehirnpotentials. Inzwischen haben die Außenseiterwissenschaften, insbesondere gegen Ende des Jahrtausends, ziemlich heftige Kontroversen mit den traditionellen Betrachtern ausgelöst.

Es ist heute zweifelsfrei bewiesen, daß das Gehirn aus vielen Schichten miteinander verbundener Netzwerke besteht, die den Herzschlag, die Sauerstoffaufnahme, die inneren Organe und die Hirnströme steuern. Darüber hinaus läßt das vorliegende Material den Schluß zu, daß der Geist eine weit größere Kontrolle über unser Funktionieren hat, als man bisher angenommen hatte.

In tiefen Zuständen der Meditation oder Hypnose haben Menschen erwiesenermaßen u.a. Schmerzen vollkommen eliminiert, Körperteile komplett paralysiert, ohne erkennbare Ursache massiv Pusteln auf der Haut produziert (und sie sofort danach beseitigt), vorab vereinbarte Symptome künstlich erzeugt, Kraftakte vollbracht, die man normalerweise nur einem Supermann oder Verrückten zutrauen würde, und sich selbst von scheinbar unheilbaren Krankheiten geheilt.

Wissenschaftler haben Gedächtnisexperimente durchgeführt, die den Schluß nahelegen, daß die Speicherkapazität des Gehirns anscheinend absolut ist. Probanden, deren Gehirn elektronisch sondiert wurde, gaben vollständige, von mehreren Sinnen unterstützte Erinnerungen wieder, die willkürlich stimuliert werden konnten und aus dem gesamten Lebenslauf stammten. Außerdem legen neuere Arbeiten auf dem Gebiet der Mnemotechnik nahe, daß ein Gehirn sich auch ohne elektronische Einwirkungen an erstaunliche 7.000 unterschiedliche Elemente erinnern kann. Das Gehirn kann dies sequentiell, in einer Zufallsreihe oder rückwärts tun, ohne in seiner Leistung nachzulassen, auch dann, wenn weitere Elemente hinzugefügt werden, an die es sich erinnern soll.

Eine Neueinschätzung unserer Art, Wissen zu erwerben

Die genannten Tatsachen machen es notwendig, daß wir das menschliche Potential und unsere Art, Wissen zu erwerben, neu bewerten. Zunächst gilt es natürlich, zu erwägen, wie man ein Organ – das Gehirn –, das nahezu eine unendliche Anzahl assoziativer Verbindungen knüpfen kann, optimal ausbildet. Bedenkt man diese enorme Leistungsfähigkeit, so leuchtet es ein, daß unsere normalen, inflexiblen und linearen Verfahren nicht länger tragbar sind.

Genauso liegt es auf der Hand, daß die Standardmethoden psychologischer Tests völlig verändert, wenn nicht gar abgeschafft werden müssen. So ist es zum Beispiel schon fast lächerlich, die Kapazität eines Organs daran zu messen, wie es auf die Form eines Tintenflecks reagiert, wenn man weiß, daß das gleiche Organ ohne jede Hilfe von außen multidimensionale, holographische, vielfarbige und einzigartige Bilder projizieren kann. Diese Fähigkeit, die man oft als Tagträumerei, Halluzination oder Verrücktheit abstempelt, wird entweder hingenommen oder abgewertet. Es bedarf allerdings keiner besonderen Klugheit, um zu erkennen, daß ein Organ, das nicht nur Vorstellungen produziert, sondern sie zugleich auch wahrnimmt, wahrhaft großartige Dinge leistet.

Auch die Messung der allgemeinen Begabung mit einem IQ-Test, der angeblich den „Intelligenzquotienten" (IQ) mißt, ist absurd. Statt sterile Instrumente zu nutzen, die angeblich „messen", daß manche Menschen „interessanter" und „fähiger" sind als andere, sollten wir uns vielmehr weiterentwickeln. Es ist an der Zeit, die Männer und Frauen und das Universum so zu sehen, wie sie sind: Unendlich kompliziert, unendlich faszinierend und wert, verstanden statt kategorisiert und zu auseinanderdividiert zu werden.

Die zweite Saat

Zur gleichen Zeit, als Tony Buzan als Redakteur beim internationalen *Mensa Journal* tätig war und über die Bedeutung der von ihm gesammelten Informationen über das menschliche Gehirn nachdachte, studierte sein Koautor Raymond Keene am *Trinity College* in Cambridge europäische Literatur, Sprachen, Geschichte und Kultur und beschäftigte sich insbesondere mit dem überragenden Genie Johann Wolfgang von Goethe.

Raymond Keene wunderte sich über eine ernste Anomalie: Das akademische Umfeld erinnerte ihn immer wieder daran, daß die Feuer der Kreativität etwa mit dem 26. Lebensjahr „ausgebrannt" seien. Man nahm allgemein an, daß Schachspieler (und das Schachspiel ist Raymonds zweiter Beruf) mit 26 Jahren den Gipfel ihrer Leistungskraft erreichen und dann nur noch in ihren Fähigkeiten nachlassen. So lautet eine von Schachspielern oft benutzte Beleidigung etwa: „Du denkst wie ein 40jähriger."

Diese akademischen Binsenweisheiten paßten allerdings nicht zu der „merkwürdigen" Tatsache (beziehungsweise dem offenkundigen Widerspruch), daß die Arbeit von Schachspielern, Künstlern, Schriftstellern, transkulturellen Giganten und all den anderen inspirierenden Menschen und Genies, deren Leben und Werk Keene erforschte, mit zunehmenden Alter häufig – und nicht ausnahmsweise – bessere Werke produzierten. Ja, in vielen Fällen war das wahre Meisterwerk des Künstlers, das alle vorherigen Werke in den Schatten stellte, zugleich auch dessen letztes und wurde erst in hohem Alter realisiert.

Alle großen Geister hatten offenbar eine klare, kreative Vision und ein Lebensziel und sie strebten nach dessen Erfüllung mit einem fast unglaublichen Engagement und immenser Ausdauer.

Beethovens letztes Werk

Wer das bezweifelt, braucht sich nur die Reihenfolge künstlerischer Werke anzusehen, denn daraus geht hervor, wann ein bestimmtes Meisterwerk geschrieben oder komponiert wurde. Wer würde schon abstreiten wollen, daß Beethovens Neunte Symphonie (er schrieb nur neun) sein absolutes Meisterwerk ist? Wer würde der Behauptung widersprechen wollen, daß der *Faust,* Teil II (und es gibt nur zwei Teile) das tiefste und bedeutsamste Werk Goethes ist? Und wir könnten endlos so weiter machen… Die letzten Stücke von Shakespeare, insbesondere *Der Sturm* (sein letztes Stück), sind reinste Magie; Leonardo da Vinci begann mit der *Mona Lisa*, als er 52 war; Michelangelo begann erst im Alter von 63 mit der meisterlichen Architektur des St.-Peters-Doms in Rom; Brahms Vierte Symphonie (er schrieb nur vier) übertrifft, was ihre Struktur, die opulenten Melodien, die Harmonie und Tonalität anbelangt, all seine vorangegangenen Kompositionen. Brahms begann erst als 43jähriger überhaupt Symphonien zu komponieren (Symphonie Nr. 1). Sinan, der Hofarchitekt der Sultane

Istanbuls schuf sein krönendes Werk, die Edirne-Moschee, erst als er über 80 Jahre alt war.

Offensichtlich hatte sich also ein kollektives, wenn auch unbewußtes, Mißverständnis eingeschlichen. In den Universitäten lehrte man die Studenten eine bestimmte Sache, aber der Inhalt der Lehre bewies eigentlich genau das Gegenteil. Dieses Phänomen mußte erforscht und hinterfragt werden.

Die dritte Saat

Das dritte, wesentliche Ereignis fand im April 1986 statt, als eine Organisation namens *Turning Point* Tony Buzan bat, einen Vortrag zu halten. *Turning Point* wurde von Leuten gegründet, die der Meinung waren, daß die Menschheit und der gesamte Planet sich an einem „Wendepunkt"[2] befinden. Sowohl als Einzelpersonen als auch als Gruppe wollten sie soviel Information wie möglich sammeln, um damit einen konstruktiven Beitrag zu leisten. Im Laufe seines Vortrags über das Gehirn verteilte Tony Buzan einen Fragebogen unter den Zuhörern, auf dem sie u.a. ihre Lernfähigkeit, Intelligenz, ihr Selbstwertgefühl und ihre Hoffnung für die Zukunft auf einer Skala von 1 bis 100 bewerten sollten.

Der Durchschnitt dieser Gruppe in allen Kategorien lag auf der Skala zwischen 60 und 70. Obwohl dieser Wert weit über dem normalen Durchschnitt lag, so war er doch auch weit unterhalb jenes Wertes, den man bei einer Gruppe erwarten konnte, die sich versammelt hatte, weil sie an die Zukunft glaubte und meinte, einen positiven Beitrag leisten zu können.

Während Tony Buzan das Gehirn und seine Zukunft diskutierte, untersuchte er zugleich die Frage: „Wie kann man einzelne (und letztlich alle Menschen und Gruppen), deren formale Bildung schon längst der Vergangenheit angehört, fördern und motivieren, ihre natürlichen Fähigkeiten zu erweitern?" Denn wenn man die Schule, das Kolleg oder die Universität verläßt, bedeutet das nicht – wie viele glauben –, daß damit die Bildung, das Nachdenken über die Dinge und die Erweiterung der eigenen Fähigkeiten zu Ende ist.

---

[2] Deutsch für *Turning Point* – Anm. des Übersetzers.

Die gute Nachricht

In Folge dieser Erfahrungen, sammelten die Autoren unabhängig voneinander und später auch gemeinsam Informationen darüber, was es eigentlich heißt, Mensch zu sein und was unser Potential ist.

Dieses Buch ist als Antwort für all jene konzipiert, die ihr Gehirn und ihre mentalen Leistungen kontinuierlich steigern wollen. Dieses Buch ist für alle, die Zugriff auf ihr Gehirn haben möchten und damit zugleich ihr Lebenswerk fördern wollen, egal, wie alt sie sind!

Die wissenschaftliche Forschung liefert uns zunehmend Beweise, daß die kreativen und Gedächtnisfähigkeiten unseres Gehirns nahezu unendlich sind – und im Alter nicht nachlassen müssen, sondern im Gegenteil zunehmen können. Wir wollen Ihnen nun erzählen, wie.

Welche Schritte sollte ich nun unternehmen?

Lesen Sie zunächst das zweite Kapitel, dem Sie Ihre statistische Lebenserwartung entnehmen können – anschließend können Sie darangehen, diese Spanne zu erweitern und die Ihnen zur Verfügung stehende Zeit maximal auszunutzen.

Brain Flash

Der Pulsschlag des Gehirns

Kaum ein Superlativ kann ausreichend beschreiben, was sich in der Mitte des „Jahrzehnts des Gehirns" im Rahmen der Gehirnforschung ereignet. Gemäß Gerald Fishback, Professor für Neurologie an der Harvard Universität, kann die Philosophie es sich nicht mehr leisten, die Resultate der Gehirnexperimente zu ignorieren, die „dringender, herausfordernder und aufregender" sind, als alles, was es in diesem Bereich bisher gegeben hat: „Unser Überleben und wahrscheinlich das Überleben des gesamten Planeten hängt von einem besseren Verständnis des menschlichen Geistes ab."

Das Gewicht unseres Gehirns beträgt etwa 2% unseres gesamten Körpergewichts – aber es nutzt etwa 20% der Gesamtenergie, die unser Körper benötigt.

Über eine Million mal eine Million Nervenzellen sind im menschlichen Kopf auf engstem Raum zusammengepackt. Es befinden sich etwa genauso viele Sterne in der Milchstraße wie Gehirnzellen zwischen unseren Ohren.

Jede Nervenzelle kann mit bis zu 100.000 anderen Verbindung aufnehmen. Wenn man jedes Neuron in der menschlichen Großhirnrinde aufzählen würde und pro Sekunde eine Zahl sagte, bräuchte man dazu 32 Millionen Jahre.

Da außerdem noch etwa 50 unterschiedliche biochemische Überträgerstoffe (Transmitter) mit dem Signalaustausch in Gehirn befaßt sind, ist das menschliche Gehirn die komplizierteste Struktur, die wir kennen.

Plato, der 428 v. Chr. geborene, griechische Philosoph, hielt das Gehirn als erster für „die Ursache der Empfindungen, des Gehörs und des Geruchssinns."

Kapitel zwei

Der Mount Everest der Langlebigkeit

„Nun aber, dass er nicht ausstrecke seine Hand, und breche auch von dem Baum des Lebens, und esse, und lebe ewiglich. Da wies ihn Gott der Herr aus dem Garten Eden ... Und Gott der Herr sagte: Mein Geist wird die Menschen nicht allezeit strafen, denn sie sind Fleisch; Ich will ihnen noch geben hundert und zwanzig Jahre."

Das erste Buch Mose

Dieses Kapitel ruft zum Kampf auf und ist eine Herausforderung an die Adresse herrschender Mißverständnisse über das Alter. Sie werden außergewöhnliche Fakten über die Langlebigkeit von Menschen in Erfahrung bringen. Und wir legen Ihnen einen Test vor, mit dem Sie Ihre eigene Lebenserwartung feststellen können, und zeigen Ihnen, wie Sie diese Ihren Bedürfnissen anpassen können – nach oben oder unten!

Stammbaum

Die Familie des berühmten chinesischen Philosophen Kung-fu-tse, auch bekannt unter dem Namen Konfuzius, hält sicherlich den Rekord der ältesten, ununterbrochenen Generationenfolge und ist seit über 2.700 Jahren belegt.

Der Stammbaum des Konfuzius (551–479 v.Chr.) läßt sich weiter zurückverfolgen als der irgendeiner anderen Familie weltweit. Bereits Konfuzius' Ur-, Ur-, Urgroßvater Kung-Chia aus dem 8.Jahrhundert v. Chr. wird namentlich erwähnt und seine 85. und 86. direkten Nachfahren Wei-Yi (geb. 1939) und Wei-Ning (geb. 1974) leben heute in Taiwan.

Individuelle Langlebigkeit

Bei der letzten Volkszählung in China wurden 3.800 über 100 Jahre
alte Menschen gezählt, davon zwei Drittel Frauen. In den USA betrug
die Zahl der über 100jährigen im Januar 1996 50.000, vor fünf Jahren
waren es noch 13.000 weniger. Im Jahr 2050 erwartet man 1,2 Millionen über 100jährige in Amerika – das sind 0,3 % der Bevölkerung
der USA.

Der älteste über 100jährige

Der älteste Mensch, dessen Daten eindeutig belegbar sind, wurde 120
Jahre und 237 Tage alt und hieß Shigechiyo Izumi und lebte in Asan

Brain Flash

*Die ältesten Senioren – und nicht die Babyboomer – sind heute
die am schnellsten wachsende Altersgruppe.*

*Der schnellstwachsende Teil der US-amerikanischen Bevölkerung
sind weder die Leute im mittleren Alter – die Babyboomer – oder
die gewöhnlichen Rentner, sondern die ältesten Senioren, die über
85 Jahre alt sind.*

*Die ältesten Senioren sind zwar ein winziger Prozentsatz der
amerikanischen Gesamtbevölkerung, aber ihre Zahl wächst schneller als die jeder anderen Altersgruppe. In den vergangenen 35
Jahren wuchs die Gruppe der über 85jährigen mit 232 %, während
die Gesamtbevölkerung um 30 % zunahm. Momentan umfaßt die
älteste Gruppe 1,2 % der Bevölkerung, aber in einigen Prognosen
wird diese Zahl Mitte des 21. Jahrhunderts bei etwa 10 % liegen.*

*Das ist auf den ersten Blick vielleicht erschreckend, da man
zunächst annehmen könnte, die USA bekämen es mit zunehmend
altersschwachen Menschen zu tun und bürdeten den jüngeren Generationen eine unbezahlbare Gesundheitssorge auf.*

*Aber die Experten sind der Meinung, daß 90jährige und ältere
Menschen insgesamt wahrscheinlich gesünder sind als 20 Jahre
jüngere Menschen.*

auf der Insel Tokunoshima südwestlich von Tokio. Er wurde am
29. Juni 1865 in Asan geboren und bei der ersten japanischen Volkszählung 1871 als Sechsjähriger formell erfaßt. Er starb am 21. Februar 1986 um 12.15 Uhr MEZ an einer Lungenentzündung. Er arbeitete bis zu seinem 105. Lebensjahr. Er sagte, die Gründe für sein langes
Leben seien: „Gott, Buddha und die Sonne." Am 21. Februar 1996 jedoch feierte die bewundernswerte Französin Jeanne Calment ihren
121. Geburtstag!

	Die Top 10 der Altersrekorde					
	Land	Jahre	Tage	Name	Geboren	Gestorben
1.	Frankreich	121	+	Jeanne Louise Calment	21. Feb. 1875	lebt (März 1996)
2.	Japan	120	237	Shigechiyo Izumi	29. Juni 1865	21. Feb. 1986
3.	England	118	+	Charlotte Huges	1. Aug. 1877	Lebt (Jan. 1996)
4.	USA	116	88	Carrie White	18. Nov 1874	14. Feb. 1991
5.	Kanada	113	124	Pierre Joubert	15. Juli 1701	16. Nov. 1814
6.	Australien	112	330	Caroline Maud Mockridge	11. Dez 1874	6. Nov. 1987
7.	Spanien	112	228	Josefa Salas Mateo	14. Juli 1860	27. Feb. 1973
8.	Norwegen	112	61	Maren Bolette Torp	21. Dez. 1876	20. Feb. 1989
9.	Marokko	112	+	El Hadj Moham- med el Mokri	1844	16. Sept. 1957
10.	Polen	112	+	Roswlia Mielczarak	1868	7. Jan. 1981

Das international hoch geschätzte Magazin *Time* (Ausgabe vom 18.
März 1996) vertrat den Standpunkt, daß die Brasilianerin Maria Do
Carmo Geronimo eine gültige Geburtsurkunde hat, die sie als
125jährige ausweist. Die weltweite Beachtung, die Jeanne Calment
erfahren hat, dürfte zu weiteren Behauptungen in dieser Richtung
führen, die sorgfältig geprüft werden müssen.

Der älteste Mensch, den es jemals gab

Der älteste Mensch, dessen Geburtsdatum sich überprüfen läßt, ist Jeanne Louise Calment, die am 21. Februar 1875 in Frankreich geboren wurde. Sie wohnt gegenwärtig in einem Altenheim in Arles (Südfrankreich), wo sie auch ihren 121. Geburtstag mit Champagner feierte. Vor über 100 Jahren traf sie Vincent van Gogh (gestorben am 29. Juli 1890) im Geschäft ihres Vaters.

Erstaunliche Tatsachen

Nicht nur Menschen können erstaunliche Langlebigkeitsrekorde vorweisen. Die ältesten Lebewesen der Welt sind Pflanzen. Ein Exemplar einer Kreosotpflanze in Kalifornien ist 11.700 Jahre alt.

Auch der älteste Baum der Welt steht in Kalifornien: Die Kiefer namens „Methusalem" ist inzwischen 4.700 Jahre alt und zeigt kein Zeichen von Altersschwäche! Dieser Baum wuchs und gedieh bereits,

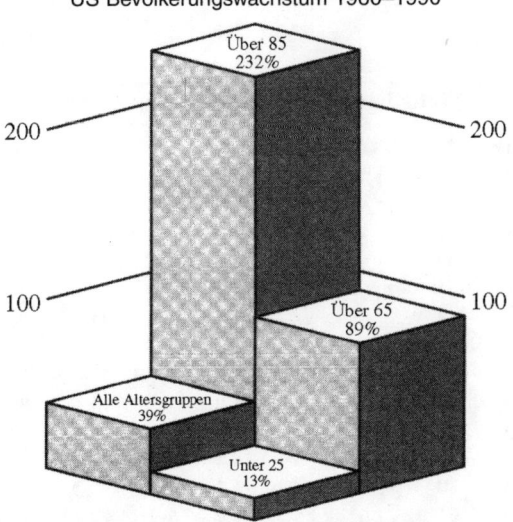

US Bevölkerungswachstum 1960–1990

Über 85
232%

200 — — 200

100 — — 100

Über 65
89%

Alle Altersgruppen
39%

Unter 25
13%

Diese Grafik wurde dem angesehenen amerikanischen *Time Magazine* entnommen.

als Homer die *Illyade* schrieb, Buddha das Nirwana predigte und Christus die Bergpredigt hielt.

Bei den ältesten „wiederbelebten" Lebewesen handelt es sich um bakterielle Sporen, die im Fossil einer Biene gefunden wurden und plötzlich, nach 40 Millionen Jahren, wieder zum Leben erwachten. Die Mikrobiologen Raul Cano und Monica Borucki an der *California Polytechnic State University* führten diese „Wiederbelebung" 1995 an Sporen durch, die sie kleinen stachellosen Bienen, die in Bernstein eingeschlossen waren, entnommen hatten.

Der Langlebigkeitsfragebogen: Prüfen Sie die eigene Lebenserwartung!

Dr. Diana Woodruff ist Psychologin und glaubt, wir könnten alle 100 Jahre alt werden. Andere Biologen stecken dieses Alter, wie wir anfangs bereits erwähnten, weit höher, und zwar bis hin zu 125 Jahren. Und sie befinden sich in vorzüglicher Gesellschaft. Obgleich das biblische Alter meistens bei 70 Jahren geortet wird, spricht das erste Buche Mose von 120 Jahren.

Statistische Lebenserwartung (L.erw.)									
Alter	L.erw.	Alter	L.erw.	Alter	L.erw.	Alter	L.erw.	Alter	L.erw.
15	70,7	29	71,7	43	72,8	57	75,4	71	80,7
16	70,8	30	71,8	44	72,9	58	75,5	72	81,2
17	70,8	31	71,8	45	73,0	59	76,0	73	81,7
18	70,8	32	71,9	46	73,2	60	76,3	74	82,2
19	70,9	33	72,0	47	73,3	61	76,6	75	82,8
20	71,1	34	72,0	48	73,5	62	77,0	76	83,3
21	71,1	35	72,1	49	73,6	63	77,3	77	83,9
22	71,2	36	72,2	50	73,8	64	77,7	78	84,5
23	71,3	37	72,2	51	74,0	65	78,1	79	85,1
24	71,3	38	72,3	52	74,2	66	78,4	80	85,7
25	71,4	39	72,4	53	74,4	67	78,9	81	86,3
26	71,5	40	72,5	54	74,7	68	79,3	82	87,0
27	71,6	41	72,6	55	74,9	69	79,7	83	87,6
28	71,6	42	72,7	56	75,1	70	80,2	84	88,2

Nach vielen Jahren der Forschung haben wir den folgenden Fragebogen entworfen, mit dem Sie in etwa berechnen können, wie lange Sie wahrscheinlich leben werden. Unserer Meinung nach haben intellektuell und körperlich aktive, zufriedene Genießer die besten Chancen, 100 Jahre und älter zu werden.

Sie können Ihre statistische Lebenserwartung der obigen Tabelle entnehmen, die den Daten von Lebensversicherungen entnommen worden sind. Nachdem Sie die Werte des Fragebogens berechnet haben, addieren oder subtrahieren Sie diese von dem oben gefundenen Wert – und Sie können direkt erkennen, wie Ihr Lebensstil und Ihre Persönlichkeit Ihre Lebenserwartung beeinflussen.

Beachten Sie jedoch, daß Frauen im Schnitt etwa drei Jahre älter werden als Männer (deren Alter und Lebenserwartung der auf Seite 46 abgebildeten Tabelle zugrunde liegt). Als Frau sollten Sie also immer drei Jahre zu den oben erwähnten Zahlen hinzuzählen.

Ihre persönliche Lebenserwartung – Fragebogen

1. Addieren Sie ein Jahr für jeden Großvater oder jede Großmutter, der oder die 80 Jahre oder älter geworden ist oder in diesem Alter noch lebt. Für jeden der oder die 70 Jahre oder älter geworden ist oder in diesem Alter noch lebt, addieren Sie ein halbes Jahr.

2. Addieren Sie vier Jahre, wenn Ihre Mutter über 80 Jahre alt geworden ist und zusätzlich zwei, wenn auch Ihr Vater dieses Alter erreicht hat. Das gleiche gilt, wenn Ihre Eltern in diesem Alter sind und noch leben.

3. Subtrahieren Sie vier Jahre, wenn eine Schwester, ein Bruder, ein Eltern- oder Großelternteil vor dem 50. Lebensjahr an einem Herzschlag, Gehirnschlag oder an Arteriosklerose gestorben ist. Subtrahieren Sie zwei Jahre, wenn dies zwischen dem 50. und 60. Geburtstag geschah.

4. Subtrahieren Sie drei Jahre, wenn eine Schwester, ein Bruder, ein Eltern- oder Großelternteil vor dem 60. Lebensjahr an Diabetes mellitus oder einem Magengeschwür gestorben ist. Falls einer von ihnen vor dem 60. Geburtstag an Magenkrebs gestorben ist, so subtrahieren Sie zwei Jahre. Bei anderen Krankheiten, durch die sie vor dem 60. Lebensjahr gestorben sind (außer bei Unfällen) subtrahieren Sie ein Jahr.

5. Frauen, die keine Kinder bekommen können oder keine planen, subtrahieren ein halbes Jahr. Frauen mit sieben Kindern und mehr subtrahieren ein Jahr.

6. Wenn Sie der oder die Erstgeborene sind, addieren Sie ein Jahr.

7. Addieren Sie zwei Jahre, wenn Sie überdurchschnittlich intelligent sind (d.h., wenn Ihr IQ über 100 liegt).

8. Rauchgewohnheiten: Subtrahieren Sie 12 Jahre (jawohl: 12), wenn Sie mehr als 40 Zigaretten pro Tag rauchen; bei 20 bis 40 Zigaretten pro Tag subtrahieren Sie sieben Jahre; rauchen Sie unter 20 Zigaretten, dann subtrahieren Sie zwei Jahre.

9. Wenn Sie regelmäßig ein bis zweimal wöchentlich Sex haben, addieren Sie zwei Jahre.

10. Wenn Sie sich alljährlich medizinisch checken lassen (gründlich), addieren Sie zwei Jahre.

11. Wenn Sie übergewichtig sind (oder jemals waren), subtrahieren Sie zwei Jahre.

12. Falls Sie jede Nacht mehr als zehn Stunden oder weniger als fünf Stunden schlafen, subtrahieren Sie zwei Jahre.

13. Trinkgewohnheiten: Ein bis zwei Gläser Whisky, ein halber Liter Wein oder bis zu vier Gläser Bier täglich zählt als mäßig – addieren Sie drei Jahre. Falls Sie nicht täglich trinken, addieren Sie lediglich anderthalb Jahre. Falls Sie überhaupt nicht trinken, addieren oder subtrahieren Sie nichts. Schwere Trinker oder Alkoholiker subtrahieren acht Jahre.

14. Übung: Dreimal die Woche Jogging, Fahrradfahren, Schwimmen, anstrengende Spaziergänge, Tanzen, Rollschuhfahren, etc. addieren Sie drei Jahre. Wochenendspaziergänge zählen nicht.

15. Ziehen Sie unraffinierte, vollwertige Lebensmittel, Gemüse und Früchte einer reichhaltigeren, fleisch- und fetthaltigen Ernährung vor? Wenn Sie diese Frage mit einem ehrlichen Ja beantworten können und aufhören können zu essen, bevor Sie satt sind, addieren Sie ein Jahr.

16. Wenn Sie häufig krank sind, subtrahieren Sie fünf Jahre.

17. Bildung: Falls Sie an der Universität nach Erlangung eines akademischen Grads gearbeitet haben, addieren Sie drei Jahre; für einen Abschluß mit Diplom, Magister oder Staatsexamen addieren Sie zwei Jahre. Für das Bestehen des Abiturs addieren Sie ein Jahr. Darunter: null Jahre.

18. Arbeit: Wenn Sie berufstätig sind, addieren Sie anderthalb Jahre; technisches, administratives Personal, Manager und Landarbeiter

addieren ein Jahr; Eigentümer/Gesellschafter und Verkäufer, addieren nichts; für Berufe ohne Ausbildung, subtrahieren Sie ein halbes Jahr; Fabrikarbeiter subtrahieren vier Jahre.

19. Üben Sie hingegen (nicht als Fabrikarbeiter) viel körperliche Arbeit aus, addieren Sie zwei Jahre. Arbeiten Sie im Büro, subtrahieren Sie zwei Jahre.

20. Falls Sie in der Stadt leben oder das den Großteil Ihres Lebens getan haben, subtrahieren Sie ein Jahr. Addieren Sie ein Jahr, wenn Sie die meiste Zeit auf dem Land verbracht haben.

21. Wenn Sie verheiratet sind und mit Ihrem Partner zusammenleben, addieren Sie ein Jahr. Sind Sie jedoch geschieden und leben allein, subtrahieren Sie neun Jahre; subtrahieren Sie sieben Jahre, falls Sie als Witwer alleine leben. Getrennte oder geschiedene Frauen subtrahieren vier Jahre, Witwen dreieinhalb Jahre, es sei denn, sie leben mit anderen zusammen, in dem Fall subtrahieren Sie nur zwei Jahre.

22. Wenn Sie ein oder zwei enge Freunde oder Freundinnen haben, denen Sie vertrauen, addieren Sie ein Jahr.

23. Addieren Sie zwei Jahre, wenn Sie regelmäßig Denksport betreiben.

24. Ist Ihre Lebenseinstellung sowohl positiv als auch realistisch, addieren Sie vier Jahre.

Anhand dieser Information können Sie nun Ihre Lebenswartung errechnen. Nicht vergessen: Frauen addieren drei Jahre.

Das Ergebnis des Fragebogens ergibt Ihre Lebenserwartung, sofern Sie Ihre gegenwärtigen Gewohnheiten beibehalten. Der Rest des Buches soll Sie ermutigen, Ihr Ergebnis (ganz egal, wie es momentan lautet) dramatisch zu steigern.

Vielleicht glauben Sie, Sie könnten die Schritte auf S. 40 nicht schaffen, aber in Kapitel vier werden wir Ihnen zeigen, wie auch Ihnen das ohne große Probleme gelingt!

Welche Schritte sollte ich nun unternehmen?

1. Falls Sie rauchen, rauchen Sie zunächst weniger und geben Sie die Gewohnheit schließlich ganz auf (siehe insbesondere Kapitel vier).
2. Lassen Sie Ihren Gesundheitszustand alljährlich gründlich checken.
3. Falls Sie Übergewicht haben – oder zuwenig wiegen – versuchen Sie, das Ihnen entsprechende Gewicht zu erreichen. Fragen Sie Ihren Arzt, welches Gewicht das ist.
4. Falls Sie viel Alkohol trinken, so schränken Sie diese Gewohnheit ein.
5. Trainieren Sie sich regelmäßig körperlich, machen Sie insbesondere dreimal wöchentlich mindestens 20 Minuten lang aerobische Übungen.
6. Treiben Sie Denksport: Zum Beispiel Schach, Bridge oder Go[3].

Brain Flash

In vino veritas

„Wein ist der gesündeste und hygienischste aller Gärungssäfte."
Louis Pasteur, französischer Wissenschaftler

„Trinke nicht mehr Wasser, sondern brauche ein wenig Wein um deines Magens willen und weil du oft krank bist."
Die Bibel, 1. Timotheus

„Es gibt mehr alte Trinker als alte Ärzte."
Benjamin Franklin, amerikanischer Wissenschaftler und Staatsmann

„Rotwein kann durchaus Teil Ihrer täglichen Diät sein, solange Sie sich mäßigen und nicht mehr als etwa einen halben Liter täglich trinken."
Michel Montignac, französischer Ernährungswissenschaftler und Bestsellerautor

---

[3] Go ist ein auch im Westen inzwischen weitverbreitetes Brettspiel aus Japan.

Kapitel drei

Kann man seine eigene Zeit produzieren?

„Hätten wir doch nur genügend Welt und Zeit."

Andrew Marvell, „To His Coy Mistress"

In diesem Kapitel befassen wir uns mit zwei unterschiedlichen Methoden, vital und fit zu bleiben und unsere Lebenserwartung zu steigern – kurz, wir zeigen: „Wie Sie selbst Zeit produzieren." Die erste Methode, die Hormonersatztherapie, gilt als neues Allheilmittel. Nützt sie etwas? Wir bezweifeln das. Statt dessen empfehlen wir Ihnen, sich auf eigene körperliche und mentale Hilfsmittel zu besinnen, mit denen Sie sich jung und fit halten können. Außerdem listen wir die Top 20 mentaler Fähigkeiten für 40- bis 50jährige auf und zeigen Ihnen, wie Sie Ihre Leistungen in dieser Hinsicht steigern können. Denn je mehr man lernt, desto leichter kann man noch mehr lernen.

Die Uhr anhalten

„Sie können als 60jähriger genauso vital sein wie ein 30jähriger!"

Wie oft haben Sie diese oder ähnliche Behauptungen gehört, mit denen man versucht, Ihnen das Elixier ewiger Jugend schmackhaft zu machen? Die Händler mit menschlichen Wachstumshormonen behaupten, mit ihren Produkten hätten Sie erwiesenermaßen mehr Energie, größere Ausdauer, häufiger Sex, die Haut würde wieder so elastisch wie bei jungen Menschen, der Knochenbau würde stabiler und Ihr Herz pumpe wieder effektiv. Wer sich auf diese „Therapien" einläßt – und ihnen bisweilen erstaunliche Wirkungen zuschreibt –, der nimmt meist Testosteron, um die männliche Andropause hinauszuschieben und Östrogen gegen die weibliche Menopause. Andere Zeitgenossen hingegen bezichtigen die Verkäufer dieser Hormone der Quacksalberei und meinen, sie würden den natürlichen Alterungspro-

---

Brain Flash

Wenn man mit 100 Jahren 45 ist!

*Edward L. Bernays, der 1919 den Begriff „Public Relations"
schuf, gilt weltweit auch als deren Begründer. Als er seinen 100.
Geburtstag feierte, meinte er, er sei mental noch genauso fit wie
als 45jähriger: „Wenn man 100 Jahre wird, sollte man sich davon
nicht beeindrucken lassen, denn ein Mensch hat viele Alter und
das chronologische ist das absolut unwichtigste."*

---

zeß zu einer Krankheit machen, der man medizinisch beikommen
könne.

So berichtete das *Time Magazine* am 26. Juni 1995:

„Zu den Mitteln der heutigen Medizin, das einem Lebenselixier
wohl recht nahe kommt, gehört das Östrogen – eine Droge, die sich
der Zerstörungswut der Zeit bei Frauen wirksam entgegensetzt. In den
USA ist es das am häufigsten verschriebene Arzneimittel und steht
kurz davor, einen Vorstoß in die lukrativste kommerzielle Nische zu
machen, die es gibt: Abermillionen Babyboomer, die heute ihre ersten
Hitzewellen erfahren … Dennoch sollte diese Generation Frauen bedenken, daß diese Droge, wie jedes andere magische Mittel, seine
dunklen Seiten hat.

Damit Östrogen sein volle Wirkung entfaltet, muß eine Frau das
Mittel nicht nur in der Menopause nehmen, sondern den Rest ihres
Lebens. Das heißt: Sie muß ihr Leben lang ein Arzneimittel nehmen,
zu dessen möglichen Nebenwirkungen auch ein zusätzliches Krebsri-
siko gehört … Dieses Risiko gegen die wahrhaft erstaunlichen Vorteile von Östrogen abzuwägen, dürfte eine der schwierigsten Entscheidungen sein, die man heute als Frau treffen muß."

Ob man sich einer Östrogen- oder Testosterontherapie unterzieht,
ist offensichtlich eine ganz persönliche Angelegenheit.

Eine persönliche Strategie

Wir bieten Ihnen allerdings eine ganz andere Möglichkeit. Die persönliche Strategie, wie sie in diesem Buch dargestellt wird, erlaubt es den Lesern, ihre eigenen Quellen anzuzapfen. Wir empfehlen natürlich eine gesunde Ernährung und Vitamine – keine Drogen oder Arzneimittel – und aerobische Körperübungen, aber unser Hauptaugenmerk ist darauf gerichtet, Ihnen zu zeigen, daß Sie Ihre mentale Leistungsfähigkeit im Alter steigern können, indem Sie die schon vorhandenen phänomenalen Fähigkeiten Ihres Biocomputers nutzen und die Wahrheit darüber erfahren, was wirklich in Ihrem Gehirn vorgeht, wenn Sie älter werden.

Erwägungen

Ihr Gehirn ist ein schlafender Riese. Viele Experten sind der Meinung, wir nutzen lediglich 1 % unseres Potentials.

Auch wenn Sie vermutlich zwischen 1.000 und 10.000 Stunden damit verbracht haben, Geschichte, Sprachen, Literatur, Mathematik, Geographie und Sozialkunde zu lernen, so haben Sie doch höchstwahrscheinlich, egal, wie alt Sie sind, lediglich ein paar Stunden darauf verwendet, eine der folgenden Fähigkeiten zu lernen:

- kreatives Denken,
- Konzentration – Erinnerungsvermögen,
- die Beziehung zwischen dem Funktionieren des Gehirns und dem Alterungsprozeß,
- die Kunst der Kommunikation,
- umfassende Methoden, wie man studiert und technische Texte liest,
- den Effekt unserer Denkweise auf Gewohnheitsmuster und deren Veränderung (metapositives Denken).

Konzentration und Begriffsvermögen

Nach der Statistik verbringt der durchschnittliche Geschäftsmensch, Akademiker oder Profi im allgemeinen insgesamt etwa:

- 30 % seiner Berufszeit mit dem Lesen und Einordnen von Informationen,
- 20 % seiner Zeit mit Problemlösungen und kreativem Denken,
- 20 % der Zeit mit Kommunikation.

Es ist daher wesentlich, daß jeder diese Fähigkeiten lernt und sein Gehirn entsprechend trainiert.

Vorteile

Die in diesem Buch skizzierte Strategie, verschafft Ihnen die Techniken und das Wissen, mit dem Sie mit zunehmendem Alter immer effektiver und besser denken und kommunizieren können. Sie werden:

- sich durch Mnemotechnik an Namen, Fakten und Zahlen erinnern können und diese Technik ganz leicht erlernen und meistern;
- dank Mindmapping kreativer sein, Ihre Gedanken klarer ordnen können, sich besser konzentrieren und effektiver kommunizieren können. Mit dieser Technik haben Sie Zugriff auf Ihre gesamte Intelligenz, verbessern Ihre Denkfähigkeit und stärken Ihr Erinnerungsvermögen ganz erheblich;
- Schneller lesen und das Material besser aufnehmen können;
- Tiefere Einsichten in Ihr Potential gewinnen, indem Sie etwas von den Prinzipien und Techniken erfolgreicher Geschäftsmenschen, Sportler und Künstler lernen. Sie werden erkennen, wie Sie diese Prinzipien anwenden können, um Ihr eigenes Erfolgspotential zu steigern.

Mit diesem Wissen werden Sie nahezu alles erreichen können, was Sie erreichen wollen, und das wird immer besser funktionieren, je älter Sie werden!

In jedem Lebensalter lernen, wie man lernt

Dieses Buch möchte Ihnen beim nächsten Entwicklungssprung helfen und Dem Bewußtsein der Intelligenz an sich vermitteln sowie das Wissen, daß diese Intelligenz genährt werden kann und erstaunliche Vorteile bietet, und zwar in jedem Moment und jedem Alter. Bedenken Sie doch einmal folgendes:

Intellektuelles Kapital

- Börsenanalytiker beobachten zehn Personen im kalifornischen Silicon Valley mit Argusaugen. Gibt es auch nur das leiseste Anzeichen, daß einer von ihnen Firma A verläßt und zu Firma B geht, ändern sich die Börsenkurse weltweit.

- Die *Manpower Services Commission* in England veröffentlichte eine Umfrage, aus der hervorgeht, daß von dem besten Zehntel der britischen Firmen 80 % viel Zeit und Geld in Weiterbildung investieren. Die untersten 10 % investieren weder Zeit noch Geld in Fortbildung.

- In Minnesota hebt das Computerbildungsprojekt *Plato* das mentale Leistungsniveau von 20.000 Schülern.

- Die Armeen von immer mehr Ländern bewerten die mentalen Kampfkünste genauso hoch wie die körperlichen.

- Nationale Olympiamannschaften verbringen bis zu 30 % ihrer Trainingszeit damit, ihre mentale Einstellung, Ausdauer und Visualisierung weiterzuentwickeln.

- Die fünf Spitzenreiter der *Fortune 500* (die 500 erfolgreichsten Unternehmen, die jährlich vom *Fortune Magazine* ausgewählt werden) in der Computerindustrie geben gemeinsam über eine Milliarde Dollar für die Weiterbildung ihrer Mitarbeiter aus.

- In Caracas wurde Dr. Luis Alberto Machado als erster Mensch zum Intelligenzminister ernannt, mit dem politischen Mandat, die mentale Leistungsfähigkeit einer gesamten Nation anzuheben.

- Das Gehirn und die Intelligenz gehören inzwischen zu den wichtigsten Mediengeschichten der ganzen Welt.

Wir wollen diese ermutigenden Nachrichten nun in einem anderen Kontext betrachten. Viele 40- bis 50jährige würden außerordentlich gerne ihre mentalen Leistungen und Fähigkeiten verbessern, haben aber Schwierigkeiten, dieses Ziel zu erreichen.

Auf den folgenden Seiten führen wir die Probleme auf, mit denen man mit zunehmendem Alter immer häufiger konfrontiert wird. Dies sind die wichtigsten Bereiche, die Sie betrachten sollten, wenn Sie Ihr intellektuelles Kapital mehren wollen. Viele Themen, die wir hier oberflächlich erwähnen, werden in nachfolgenden Kapiteln ausführlich erörtert.

In den vergangenen 20 Jahren haben wir weltweit über 100.000 Personen befragt. Von den 100 mentalen Fähigkeiten, die am meisten genannt wurden, folgen hier die Top 20:

Die Top 20 mentaler Leistungsfähigkeit, die 40- bis 50jährige
verbessern sollten

1. Gedächtnis	13. Lesegeschwindigkeit (Menge)
2. Konzentration	
3. Präsentation/Vorträge	14. Verständnis des Gelesenen
4. Präsentation/schriftlich	15. Zeitmanagement
5. Kreatives Denken	16. Streß
6. Planung	17. Abgespanntheit
7. Geordnetes Denken	18. Informationsaufnahme
8. Problemanalyse	19. Einen Anfang machen (d.h. Zaudern oder Zeitverschwendung)
9. Problemlösung	
10. Motivation	
11. Analytisches Denken	20. Abnahme mentaler Leistungsfähigkeit im Alter.
12. Prioritätenerstellung	

Dank der modernen Gehirnforschung kann man in all diesen Bereichen relativ leicht Fortschritte erzielen. Wir werden uns nun sieben wesentlichen Themen zuwenden, die sich auf alle oben genannten Probleme auswirken:

1. die Erforschung der linken und rechten Gehirnhälfte;
2. *Mindmapping*^{TM};
3. das Lesen mit hoher Geschwindigkeit;
4. Mnemotechnik;
5. Gedächtnisverluste nach dem Lernen;
6. die Gehirnzellen – und besonders wichtig –,
7. der „Rückgang" mentaler Fähigkeiten im Alter.

Wir werden diese Themen mit den wichtigsten Problemen in Zusammenhang bringen und zeigen, wie Ihr neues Wissen Ihre mentalen Fähigkeiten steigern kann.

1. Die Erforschung der linken und rechten Gehirnhälfte

Es gehört inzwischen fast schon zum Allgemeinwissen, daß die rechte und linke Gehirnhälfte jeweils unterschiedliche intellektuelle Funktionen steuern. Die linke Gehirnhälfte befaßt sich mit Logik, Sprache, Zahlen, Reihenfolgen, Analysen und Listen; die rechte Gehirnhälfte ist zuständig für Rhythmus, Raum, Farbe, das Vorstellungsvermögen, Tagträume und räumliche Ordnung.

Allerdings wurde erst vor kurzem entdeckt, daß die linke Gehirnhälfte ebensowenig nur die wissenschaftlich Hälfte ist, wie die rechte die kreative, intuitive und emotionale Hälfte ist. Wir wissen heute, daß die beiden Hälften gemeinsam genutzt werden müssen, damit ein wissenschaftlicher und/oder kreativer Erfolg möglich ist.

Die Einsteins, Newtons, Goethes und Shakespeares dieser Welt kombinierten ebenso wie geniale Geschäftsleute ihre sprachlichen, numerischen und analytischen Fähigkeiten mit ihrem Vorstellungsvermögen, um kreative Meisterwerke zu produzieren.

Mit dieser Grundkenntnis über unser Gehirn können wir unsere Fähigkeiten in jedem der erwähnten Problembereiche trainieren und Steigerungen von bis zu 500% erreichen.

Die Mind-Map ist Tony Buzans Beitrag zu solch einer Steigerung.

2. Mindmapping

Traditionelle Notizen – ob sie uns an etwas erinnern, auf eine Kommunikation vorbereiten, unsere Gedanken ordnen, Probleme lösen oder beim Planen oder kreativen Denken helfen sollen – sind normalerweise schwarzweiß und linear: Kurze Sätze und Stichworte werden aufgelistet und numerisch oder alphabetisch geordnet. Diese Methode bremst jedoch unsere Denkfähigkeit, weil den Notizen Farbe, visueller Rhythmus, Dimensionen, Bilder und eine räumliche Ordnung fehlt und eigentlich verschlimmern sie die oben erwähnten Probleme nur.

Beim Mindmapping (siehe Kapitel neun) verwenden Sie die gesamte Palette mentaler Fähigkeiten und plazieren in der Mitte ein farbiges Bild – wodurch Sie sich leichter daran erinnern können und weil es der kreativen Ideenfindung dient –, aus dem ein Netz von Assoziation sprießt, das die innere Struktur des Gehirns widerspiegelt. Eine Mind-Map enthält eine enorme Informationsmenge auf sehr begrenztem Platz und kann sowohl zur Vorbereitung als auch zur Wiederholung verwendet werden.

Mit Mind-Maps läßt sich zum Beispiel die Vorbereitungszeit für einen Vortrag von Tagen auf Minuten reduzieren, Probleme lassen sich bedeutend leichter lösen, das Erinnerungsvermögen läßt sich bedeutend steigern, und kreative Denker können statt einer kurzen Liste unzählige Ideen hervorbringen. Mind-Maps sind besonders dann hilfreich, wenn Sie das Gefühl haben Ihr Erinnerungsvermögen und Ihre mentalen Fähigkeiten ließen mit zunehmenden Alter nach: Mindmapping ist die beste Medizin.

3. Mit hoher Geschwindigkeit lesen

Man kann das Mindmapping mit neuen Schnell-Lese-Methoden kombinieren, anwenden und ein Tempo von bis zu 1.000 Wörtern pro Minute erreichen. Dies läßt sich mit einem ausgezeichneten Verständnis des Lesestoffes verbinden, und je schneller Sie die Informationen aufnehmen können, desto mehr können Sie Ihr Gehirn anregen und Ihren Horizont erweitern. Insbesondere in Firmen können Personen, die entsprechend trainiert sind, sogenannte intellektuelle Kommandoeinheiten formen, die weiter unten beschrieben werden.

Hochgeschwindigkeitslesen hört sich vielleicht schwierig und geheimnisvoll an, aber man kann ganz leicht damit anfangen. Führen Sie beispielsweise einen einfachen Test durch. Stoppen Sie die Geschwindigkeit, mit der Sie eine Seite dieses Buches lesen. Lesen Sie nun eine weitere Seite und gehen Sie dabei wie folgt vor. Messen Sie auch dabei Ihre Zeit:

1. Benutzen Sie ein Lesezeichen als Konzentrationshilfe. Das ist Ihnen auf der Schule wahrscheinlich nie erzählt worden – ein grober Fehler!
2. Folgen Sie dem Lesezeichen und lesen Sie nicht nochmals nach.
3. Lesen Sie zwei Worte auf einmal, wo Sie zuvor nur eines gelesen haben. Diese einfache Übung wird Ihre Lesegeschwindigkeit wahrscheinlich verdoppeln.

Intellektuelle Kommandoeinheiten

Wenn man mit höherer Geschwindigkeit liest und eine Mind-Map des Buches und der Kapitel erstellt, und wenn man dann die durch fortgeschrittenes Mindmapping gesammelte Information austauscht, kann man an einem einzigen Tag die Informationsmenge eines ganzen Buches aufnehmen, integrieren, sie sich langfristig merken und auf seine Berufssituation anwenden. Was es für ein Unternehmen bedeuten kann, eine Gruppe von Mitarbeitern mit dieser Aufgabe zu betrauen, liegt auf der Hand.

4. Mnemotechnik

Bei der Mnemotechnik handelt es sich um eine Gedächtniskunst, mit der wir unser Gedächtnis unterstützen, wobei wir u.a. den Reim verwenden – zum Beispiel: „30 Tage hat September, April, Juni und November." Die alten Griechen waren die ersten, die Mnemotechniken anwendeten. Bis vor kurzem wertete man sie allerdings meist abwertend als „Tricks". Heute ist uns jedoch klar, daß diese Techniken sich die dem Gehirn zugrundeliegenden Funktionen zunutze machen und daß sie, sofern man sie richtig anwendet, das Erinnerungsvermögen drastisch steigern können.

Die Mnemotechniken nutzen die Assoziationsfähigkeit und Vorstellungskraft unseres Gehirns und schaffen eindrucksvolle, bunte, sinnliche und somit unvergeßliche, mentale Bilder. Mindmapping ist eigentlich eine hervorragende, mehrdimensionale Mnemotechnik: sie nutzt die dem Gehirn innewohnenden Funktionsbereiche effektiv dazu, sich die gewünschte Information einzuprägen. Sie können damit beginnen, sich die Leute zu merken, die Ihnen auf einer Party begegnen, indem Sie deren Namen mit bestimmten persönlichen Merkmalen verknüpfen.

Geschäftsleute können sich mittels einer Mnemotechnik beispielsweise erfolgreich an 40 neue Menschen erinnern, die ihnen vorgestellt wurden oder sich ohne weiteres Listen mit 100 Produkten, Fakten oder Daten merken. Diese Techniken werden gegenwärtig im Trainingszentrum von IBM in Stockholm angewandt und sind ein Grund für den Erfolg des einführenden Trainingsprogramms.

5. Gedächtnisverluste nach dem Lernen und durch den Alterungsprozeß

Ein sehr wichtiges Problem: Nach einer Lernperiode von einer Stunde steigt die Fähigkeit kurzzeitig, sich an die erworbene Information zu erinnern, solange das Gehirn die neuen Daten integriert. Darauf folgt ein dramatischer Informationsverlust. Nach 24 Stunden hat man etwa 80 % der Einzelheiten vergessen.

Diesen Verlust hält der „Verlierer" häufig für den Schwund mentaler Fähigkeiten aufgrund von zunehmendem Alter. In Wahrheit hat dieser Informationsverlust jedoch lediglich etwas mit den Standardkurven unseres Erinnerungsvermögens zu tun. Es hat nichts, aber

auch gar nichts mit Alter zu tun. Mit dem entsprechenden Training
steigert sich unser Erinnerungsvermögen vielmehr, und das auch, je
älter wir werden.

Diese Mißverständnisse haben insbesondere im Arbeitsleben gra-
vierende Folgen. Wenn ein multinationales Unternehmen etwa 50
Millionen Dollar jährlich für die Fortbildung seiner Mitarbeiter aus-
gibt, macht es innerhalb weniger Tage nach Beendigung der Fortbildung – falls keine passenden Wiederholungen in die Bildungsstruktur
eingebaut sind – einen Verlust von 40 Millionen Dollar. Berücksichtigt man jedoch die Rhythmen unseres Erinnerungsvermögens, so
kann man diesen Verlust vermeiden.

6. Die Gehirnzellen

In den letzten fünf Jahren wurde die Rolle der Nervenzellen in der
Wissenschaft immer bedeutender. Wir wissen nun, daß wir nicht nur
über 1.000.000.000.000 (eine Billion) Gehirnzellen verfügen, sondern
auch, daß die Zahl möglicher Verbindungsmuster und Gedächtnisspuren derartig groß ist, daß man mit Fug und Recht behaupten kann, sie
sei unendlich. Diese Zahl, die vom russischen Neuroanatom Pjotr
Anokhin berechnet wurde, ist eine 1 auf die 10,5 Millionen Kilometer Nullen (in normaler Schreibmaschinenschrift) folgen.

Ihr Gehirn kann in einer Sekunde Konzepte erfassen, für deren Re-
gistrierung ein Cray-Supercomputer mit einer Rechengeschwindig-
keit von 400 Millionen Operationen pro Sekunde etwa 100 Jahre
brauchen würde. Offensichtlich haben wir die Kapazität, mehrere Billionen Daten gleichzeitig handhaben und zu integrieren. Jeder, der
sich mit der Gehirnforschung befaßt, sieht in zunehmendem Maße,
wie sehr das geeignete Training unseres phänomenalen Biocomputers
die Fähigkeit steigert, Probleme zu lösen, Prioritäten zu setzen, Neues zu schaffen und zu kommunizieren.

Und Training beziehungsweise fordernde Aufgaben und die Anregung des Gehirns sind nicht nur das Vorrecht „junger Trainees". Sie
können in jedem Alter anfangen. Je mehr Sie lernen, desto einfacher
fällt es Ihnen, mehr zu lernen und desto mehr mentale und körperliche Assoziationsnetze schafft Ihr Gehirn. So können Sie immer leichter auf Information zugreifen und sie verarbeiten.

7. Der „Rückgang" mentaler Fähigkeiten im Alter

Wenn man fragt: „Was geschieht mit Gehirnzellen, wenn sie älter werden?", dann erhält man meist zur Antwort: „Sie sterben." Aber eine der schönsten Nachrichten aus den Labors der Gehirnforscher stammt von Dr. Marion Diamond von der *University of California,* der vor kurzem nachwies, daß in einem normalen, aktiven und gesunden Gehirn mit steigendem Alter keine Gehirnzellen verloren gehen. Im Gegenteil, ihre Forschung läuft darauf hinaus, daß die Komplexität und Vernetzung des Gehirns zunimmt, sofern es genutzt und trainiert wird – und daß heißt: Wir werden immer intelligenter.

Die Revolution der Intelligenz

Wir stehen am Anfang einer einmaligen Revolution in der Geschichte der Menschheit: einem riesigen Entwicklungssprung der menschlichen Intelligenz. Im Bildungssystem, im Geschäfts- und im Privatleben werden Informationen aus den psychologischen, neurophysiologischen und pädagogischen Labors mobilisiert, um Probleme zu beseitigen, die man bisher dem menschlichen Alterungsprozeß zugeschrieben hatte.

Indem wir unsere Erkenntnisse über die unterschiedlichen Gehirnfunktionen anwenden, unsere inneren mentalen Prozesse in Form von Mind-Maps auslagern, die uns innewohnenden Elemente und Rhythmen unseres Erinnerungsvermögens nutzen und dieses neue Wissen über die Gehirnzellen und die Möglichkeiten kontinuierlichen Wachstums anwenden, wird uns bewußt, daß dieser Entwicklungssprung nicht nur möglich ist, sondern daß er schon heute Realität ist. Dieses Buch befindet sich dabei an vorderster Front.

Willkommen also bei dem nächsten großen Abenteuer der Menschheit: der Erforschung der immensen wachsenden Intelligenz, bei uns selbst und bei allen anderen – Intelligenz, die das ganze Leben hindurch wächst; ein Abenteuer, das uns anregen und herausfordern wird und in die Tiefe führt. Dieses Abenteuer ist – Ihr Leben!

Welche Schritte sollte ich nun unternehmen?

1. Bedenken Sie immer: Je mehr Sie lernen, desto leichter fällt es Ihnen, mehr zu lernen!
2. Lernen Sie schneller zu lesen – und nutzen Sie dazu die Tips aus diesem Kapitel. Wenn Sie schneller lesen, können Sie mehr Information aufnehmen und Ihren Horizont schneller erweitern.
3. Stärken Sie Ihr Erinnerungsvermögen. Beginnen Sie mit den Namen von Menschen, die Ihnen auf einer Party begegnen. Suchen Sie nach einem Merkmal in ihrem Auftreten oder ihrer Kleidung, damit Sie den Namen mit etwas verknüpfen können. Nutzen Sie diese Mnemotechnik als Hilfe, um sich an die Namen zu erinnern.
4. Betrachten Sie Fragen und Probleme von allen Seiten. Denken Sie flexibel. Probieren Sie neue Lösungen aus und machen Sie neuartige Erfahrungen, denn das fördert Ihre geistige Wachheit.
5. Bleiben Sie sozial aktiv. Es ist bekannt, daß ältere Menschen, die sich aus dem gesellschaftlichen Leben zurückziehen, schneller abbauen. Treffen Sie sich mit anderen! Versuchen Sie Ihre Probleme zu lösen!

Brain Flash

Sinan (1491–1588)

Sinan wurde erst mit 47 Jahren vom Sultan Suleiman dem Großen zum kaiserlichen Architekten ernannt. In den folgenden 50 Jahren entwarf und baute er über 500 Gebäude, Paläste, Grabmäler, Hospitäler, Schulen und öffentliche Bäder, aber auch die schönsten Moscheen des Ottomanischen Reiches. Sinan betrachtete die Dimensionen und architektonische Formvollendung der christlichen Kirche Hagia Sophia in Istanbul (wie das Parthenon in Athen ein der „göttlichen Intelligenz" gewidmetes Monument) lebenslang als Herausforderung. Als über 80jähriger hatte er endlich Erfolg, als er seine Arbeit an der Selimiye-Moschee in Edirne beendete und ein ebenso schönes Bauwerk schuf, dessen Maße jedoch die der Hagia Sophia noch übertrafen. Er schrieb in seine (noch später verfaßten) Memoiren: „Christen behaupten, sie hätten die Moslime geschlagen, weil es in der ganzen islamischen Welt kein Bauwerk gibt, welches der Hagia Sophia gleich sei. Ich hatte beschlossen, solch einen Dom zu erschaffen."

Kapitel vier

Das Methusalem-Mandat

„Lauschet dem Rat der Ältesten."

Der Prediger Salomo

Wir haben bisher verschiedene Mittel und Methoden skizziert, mit deren Hilfe wir verschiedene intellektuelle Fähigkeiten weiterentwickeln können. In diesem Kapitel dringen wir zum Kern unseres Themas vor. Wir enthüllen die bisher beste Nachricht: daß nämlich das Gehirn ein flexibles, organisches, dauernd sich wandelndes und – wie wir hoffen – kontinuierlich wachsendes Organ ist. Während wir also auf unserem Lebensweg voranschreiten, kann es und wird es, wenn Sie die Botschaft dieses Buches anwenden, immer komplexer, kultivierter, eleganter und nützlicher werden.

Es ist ganz wesentlich, schädliche Gewohnheiten und Grundhaltungen in neue Verhaltensweisen zu verwandeln, wenn man seine Leistungsfähigkeit mit zunehmendem Alter steigern möchte. Es ist nie zu spät, damit anzufangen – und jetzt ist der richtige Moment. Sie werden nun Neuigkeiten erfahren, die sicherlich genauso wichtig sind wie Einsteins Entdeckung der Kernspaltung.

Das Methusalem-Mandat, Gehirnzellen und „metapositives Denken" oder wie man sich positiv wandelt

Die folgenden Seiten behandeln ein ziemlich wichtiges Thema von allgemeinem Interesse: Was geht im Gehirn im Laufe seiner Existenz vor? Wir werden unser Grundargument untermauern, daß man mit geeignetem Training fast alle „Hirngespinste" loswerden und ein neues, korrekteres Bewußtsein initiieren kann – eine komplette Bildungsrevolution, wenn Sie so wollen.

Methusalem war laut Altem Testament der älteste Mensch (im 1. Buch Mose heißt es, er lebte 969 Jahre), und „Das Methusalem-Mandat" ist ein Aufruf an alle Menschen, ihr Potential im Laufe ihres Lebens vollständig zu verwirklichen.

Sie, die Leserinnen und Leser dieses Buches, sind – vielleicht ohne es zu wissen – zu den größten Stars dieses Planeten geworden! Nach Film-, Opern- und Rockstars steigt am intellektuellen Firmament ein neuer Stern auf – und das sind Sie. Die Menschheit beginnt sich selbst zu entdecken.

Es ist interessant, das Gedächtnis, die Gehirnzellen, Kreativität und ähnliches zu erforschen, aber mithin das interessanteste Forschungsobjekt ist die Untersuchung dieser Dinge im Kontext ihres gesamten Lebenslaufs. Wir zeigen Ihnen zunächst eine Standardgraphik, die abbildet, was angeblich mit dem alternden Gehirn geschieht.

Die vertikale Achse stellt die intellektuelle Kapazität; beziehungsweise mentalen Fähigkeiten dar; die horizontale Achse zeigt die Zeit. Auf den von dem Psychologen Hans Eysenck und anderen entwickelten Standardgraphiken, die die Intelligenzkurve abbilden und die man in den meisten Einführungstexten zur Psychologie findet, zeigt sich anfangs ein phänomenaler Anstieg intellektueller Fähigkeiten. Der Gipfel dieser Entwicklung liegt bei etwa 20 Jahren. Die Forscher zitieren eine Reihe von Beweisen, die diese Betrachtungsweise angeblich untermauern, einschließlich der Lebensläufe großer Mathematiker, von denen es heißt, ihre größten Leistungen lägen alle vor ihrem 26. Lebensjahr.

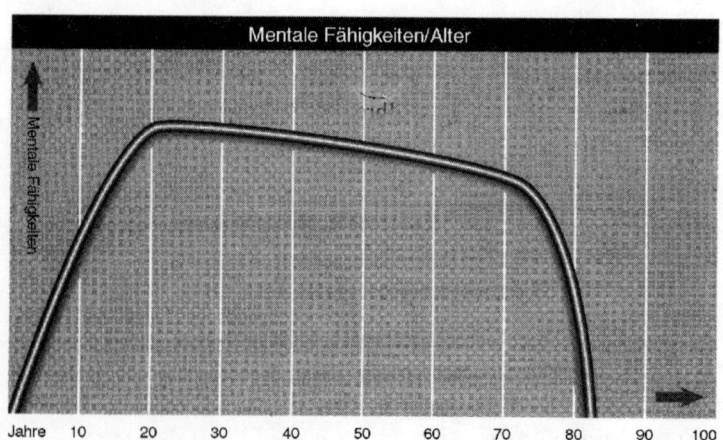

Diese Annahme wird generell von IQ-Tests bestätigt und von Studien, in denen Menschen von der subjektiven Wahrnehmung berichten, daß sich ihr Gedächtnis mit zunehmendem Alter verschlechtert: Sie erleben mit steigendem Alter, daß ihre mentalen Prozesse nachlassen und ihnen immer mehr entschwinden.

Vom Mars aus betrachtet – Krieg der Welten

Darüber hinaus scheinen auch unsere körperlichen Fähigkeiten nach dem 26. Lebensjahr abzunehmen. Da liegt es doch auf der Hand, daß auch die Gehirnzellen, die ja Teil des Körpers sind, altern und ihre Leistungskraft abnimmt. Dies führt angeblich zu einem ständigen Degenerationsprozeß, der gegen Ende rapide abfällt. Das sind ja nette Aussichten!

Man sollte ruhig einmal gründlich über diese Sichtweise nachdenken. Nehmen wir doch einmal den Standpunkt eines Marsmenschen ein, der die „Affenbande" auf dem Planeten Erde sowieso nicht leiden kann: Wie kann man diese Gesellschaft da unten optimal demotivieren (ihnen also das Motiv, den Antrieb, die Lebenskraft nehmen)? Da sendet man ihnen doch am besten diese Botschaft: „Ach übrigens, nach eurem 26. Lebensjahr degeneriert ihr langsam immer mehr. Und tschüs!"

Die Freuden der Desintegration

Was geschieht Tag für Tag mit Ihren Gehirnzellen? Die meisten Menschen meinen, daß sie absterben und weggespült werden oder desintegrieren und ihre Verknüpfungen lösen. Wir haben die Menschen in allen Ländern, die wir besucht haben, zu diesem Thema befragt. Auf allen Kontinenten (in einer Periode von über 20 Jahren) bekamen wir immer die gleichen Antworten; in England, Neumexiko, Taiwan, Argentinien, überall sagten die Menschen das gleiche: „Die Gehirnzellen sterben ab!" Alle Menschen „wissen" das. – Welchen Einfluß hat das Ihrer Meinung nach wohl auf unseren Planeten? – Und wenn wir nachfragten, wieviel Gehirnzellen denn etwa täglich absterben, erhielten wir immer wieder eine Antwort, die nicht angezweifelt und fast fröhlich gegeben wurde: „Etwa eine Million."

Stellen Sie sich vor: Die Sonne scheint, die Vögel zwitschern, Ihre große Liebe liegt neben Ihnen und Sie schauen auf Ihr Kopfkissen – da liegen eine Million Gehirnzellen, tot. Diese Zellen sind Ihre Computerchips und Sie haben gerade wieder eine Million davon verloren. Jeden Tag verlieren Sie eine weitere Million. Ob Sie nun bewußt darüber nachdenken oder nicht: Sie sind dem Untergang geweiht! Es ist im Grunde unmöglich, optimistisch zu sein, wenn Sie wissen, daß Ihr gesamtes Informationsverarbeitungssystem auseinanderfällt. Deshalb fürchten Menschen mit zunehmendem Alter die „jungen Hengste" und „Stuten" immer mehr. Weshalb? Nun, sie haben mehr Gehirnzellen und leistungsfähigere Biocomputer. Und wenn man mit ihnen in Konkurrenz tritt, wird man den Kampf natürlich verlieren, es sei denn, man kann festhalten, was man hat – so lange, bis nur noch zehn Gehirnzellen übrig sind und man sich gezwungenermaßen geschlagen geben muß.

Überlegen Sie mal, welche Grundhaltung weltweit aus solch einer Überzeugung erwächst. Das ist keineswegs lustig. Diese Überzeugung ist eine Art intellektuelle Alzheimer-Krankheit, die sich einnistet und Intelligenz zerstört. Sie deprimiert und beherrscht das Denken. Stellen Sie sich einmal vor, der Gedächtnisweltmeister Dominic O'Brien oder der Schachweltmeister Gary Kasparow oder ein Spitzendirigent wie Sir Georg Solti lebten nach dieser Überzeugung. Sie würden versuchen, ihren Titel zu verteidigen und kreativ zu bleiben, auch wenn sie Tag für Tag eine Million Neuronen verlören. Was würde das für sie bedeuten, wenn es wahr wäre?

Belege für diese falsche Überzeugung findet man auch in der Struktur unserer Gesellschaft. Was geschieht mit alten Menschen? Wir schicken sie in den Ruhestand! Was für eine unglaubliche Ironie. Nehmen wir einmal Jean Buzan, Tony Buzans Mutter, als Beispiel: Sie hatte als 57jährige ihr Gerontologiestudium erfolgreich abgeschlossen, dann acht Jahre lang Vorträge an Universitäten gehalten und schließlich sagte man ihr, sie sei mit 65 Jahren zu alt, um über dieses Thema zu reden! Das ist vollkommen verrückt. Wir schicken Leute mit 65 in den Ruhestand, weil sie angeblich „mental inkompetent" sind und lassen Politiker über 65 an der Macht. Es ist der Mühe wert, die Logik hinter diesen Überzeugungen näher zu betrachten.

In unseren Altenheimen wird dem Personal beigebracht, wie es mit alten Menschen umgehen soll. Sie werden reglementiert, man behauptet, sie hätten keinerlei sexuelle Empfindungen mehr, drückt ihnen langweilige Sachen – zum Beispiel Stickereien – in die Hand und tätschelt sie. Wir erlauben ihnen nicht, selber die Initiative zu ergreifen, weil sie zu alt sind und daher angeblich nicht mehr fähig. „Machen Sie sich keine Sorgen, wir machen das für Sie. Sie brauchen nicht aufzustehen, ich hole Ihnen das." Wir töten sie buchstäblich. Ein ziemlich deprimierendes und grausames Bild.

Wir wollen es auseinandernehmen und uns die Daten näher ansehen. Zunächst zur Messung des Leistungsabbaus.

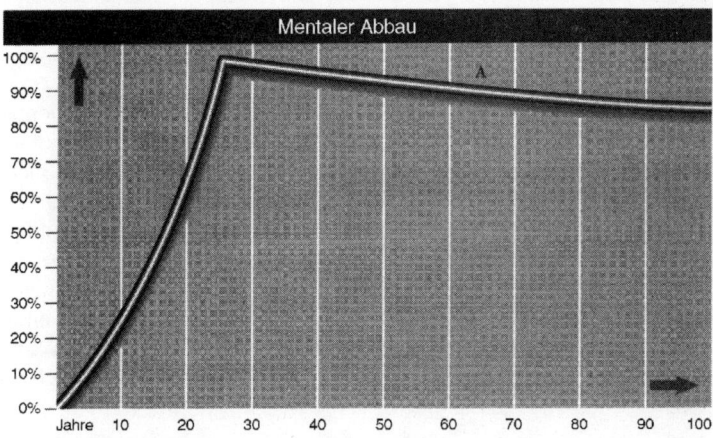

Linie A zeigt eindeutig, daß der mentale Abbau im Verlauf eines ganzen Lebens höchstens bei 5 bis 15 % liegt. Es handelt sich also um einen kontinuierlichen, aber keineswegs steilen Abbau. Das ist nichts Neues – auch im Alter nicht. Jeder, der schon mal nach einer phantastischen, abendlichen Party am nächsten Morgen aufgewacht ist, weiß, daß seine intellektuellen Fähigkeiten sehr eingeschränkt sind – das ist in jedem Alter so. Das ist also keine neue Erfahrung. Interessant daran ist allerdings, wie widerstandsfähig das Gehirn ist. Wenn man sich überlegt, wie oft das Gehirn im Lauf eines Lebens mißbraucht wird, dann ist es schon sehr erstaunlich, daß der Abbau lediglich 5 bis 15 % beträgt.

Abtrünnige von der Norm

Das zweite und vielleicht interessantere Objekt unserer Nachfor-
schungen dürfte das Beweismaterial für das scheinbare Absterben von
Gehirnzellen sein. Oft wird die Tatsache ignoriert, daß der statistische
Mittelwert eine Durchschnittsperson darstellt. Aber Durchschnitts-
menschen gibt es nicht wirklich. Der Mittelwert entsteht dadurch, daß
man die Werte von Menschen über und unter dem Mittelwert mißt.
Das echte Bild sähe also eher aus wie eine Kaskade unterschiedlicher
Werte: von Menschen, deren Gehirn einen rasanten Verfall erfährt, bis
hin zu Leuten, deren Gehirnleistungen sich tatsächlich steigern, und
alle Werte, die zwischen diesen beiden Extremen liegen.

Wer oberhalb des Mittelwertes liegt, wird oft als statistische Anomalie betrachtet und „verfälscht" – wie es heißt – die Statistik. Man könnte solche Menschen auch „Abtrünnige von der Norm" nennen. Sucht
man nach Charaktereigenschaften, die diese positiven „Abtrünnigen"
gemeinsam haben, so entdeckt man, daß sie in folgenden Bereichen fast
die gleichen Persönlichkeitsprofile haben: Sie sind daran interessiert,
mehr zu lernen; sie haben eine positive, optimistische und ausgegliche-
ne Lebenseinstellung; sie sind aktiv, und zwar körperlich, mental, emotional, sinnlich und sexuell; der Großteil hat einen ausgeprägten Sinn
für Humor; sie neigen dazu, andere auszubilden und betrachten sich als
wohlhabend. Und die Zahl dieser „Abtrünnigen" nimmt zu.

Brain Flash

Marathonläuferinnen

*1987 legte die 82jährige Neuseeländerin Thelma Pitt-Turner als
bisher älteste Marathonläuferin die gesamte Strecke ab.*

*Manchem ist der Name der heute 89jährigen Aileen Riggin Soule
noch bekannt sein. Sie war die älteste Gewinnerin einer olympi-
schen Goldmedaille, und zwar im Kunsttauchen, bei der Olympiade 1920 in Antwerpen. Vier Jahre später war sie wieder an der
Olympiade beteiligt, diesmal in Paris, wo sie eine Silbermedaille
für Kunsttauchen und eine Bronzemedaille für 100-Meter Rücken-
schwimmen gewann. Soule hat vor kurzem sechs Weltrekorde in ihrer Altersklasse (85 bis 89 Jahre) geschwommen. 1996, wenn sie
zu der Gruppe der über 90jährigen gehört, plant sie, noch ein
paar Rekorde zu brechen, wie sie vor kurzem bekanntgab.*

Die Graphik des körperlichen Leistungsabfalls ist der Darstellung des mentalen Leistungsabbaus ähnlich, wobei die Kurve etwas deutlicher abfällt. Interessanterweise offenbaren sich auch an dieser Stelle die gleichen Mißverständnisse. Hinsichtlich der Körperleistungen unterstützt die neuere Forschung die Ansicht, daß man den Leistungsgipfel erst mit etwa 50 Jahren erreicht, sofern der Körper trainiert wird. Was die Ausdauer betrifft: Marathonschwimmer sind beispielsweise meistens zwischen 30 und 50 Jahre alt.

Also auch die Graphik des körperlichen Leistungsabbaus unterliegt heute dem Wandel. Wir wissen nicht genau, wann der körperliche Leistungsabbau beginnt, aber die Kurve verläuft sicherlich bedeutend flacher, als wir bisher angenommen haben. Es finden gegenwärtig sogenannte Veteranenolympiaden statt, bei denen Menschen ab 80 vom Sprungbrett springen, Marathonläufe absolvieren und verhältnismäßig gut abschneiden.

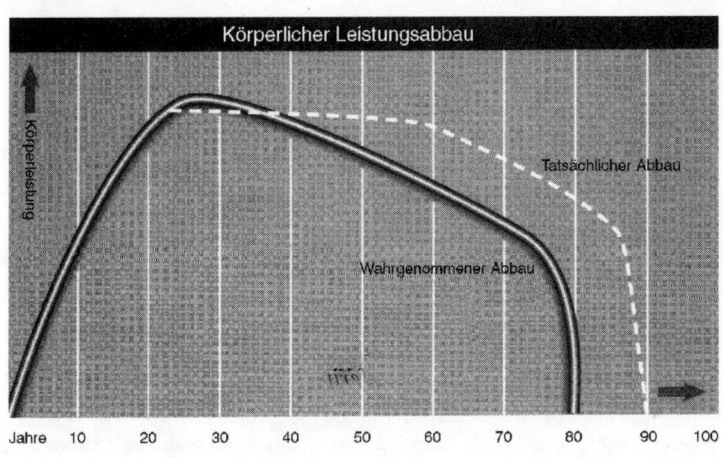

Körperlicher Leistungsabbau

Entwicklungsgeschichtlicher Schluckauf

Es gibt inzwischen Belege dafür, daß sich mit zunehmendem Alter körperlich – Physis, Kreislauf, Muskulatur und Flexibilität betreffend – nicht viel ändert, solange man auf die Gesundheit achtet. Somit ist deutlich, daß die Überzeugungen auch auf der körperlichen Ebene zu den entsprechenden Wirklichkeiten geführt haben. Das gilt

für das Gehirn noch weit mehr. Und die Leistungen der „Abtrünnigen
von der Norm" sind ein Beweis dafür, daß jeder ihrem Beispiel folgen
kann. Vielleicht war Degeneration einfach nur eine entwicklungsge-

---

Brain Flash

Ihr Gehirn – ein leistungsstarker Computer

*Aus den Untersuchungen der jüngsten Zeit geht hervor, daß die
Anregung des Gehirns durch mentale Übungen dazu führen kann,
daß Gehirnzellen sich wie wild verzweigen. Die Verzweigungen
führen zu Millionen neuen Synapsen zwischen den Neuronen. Arnold Scheibel, Leiter des Gehirnforschungsinstituts der* University
of California *in Los Angeles meint dazu: „Man könnte sagen, der
Computer erhält eine größere Speicherplatine. Man kann in einem
kürzeren Zeitraum mehr Dinge tun."*

*Die Fähigkeit unseres Gehirns, sich zu ändern und anzupassen,
weckt neue Hoffnungen bei der Prävention und Behandlung von
Gehirnkrankheiten. Das würde folgende Tatsachen erklären:*

* *Menschen können die Symptome der Alzheimer-Krankheit jahre-
lang hinauszögern. Die Forschung hat gezeigt, je gebildeter ein
Mensch ist, desto weniger wahrscheinlich wird er oder sie Symptome dieser Krankheit entwickeln. Der Grund: Dank der intellektuellen Aktivität entwickelt man zusätzliche Gehirnstrukturen, die die
Aufgaben der erkrankten Zellen übernehmen.*

* *Menschen können sich nach einem Gehirnschlag schneller erho-
len. Es gibt immer mehr Hinweise darauf, daß durch einen Schlag
dauerhaft beeinträchtigte Gehirnbereiche neue Verbindungen entwickeln können, die das Hindernis umgehen, oder daß andere Bereiche die Funktion des geschädigten Areals übernehmen können.*

David Snowdon vom Sanders-Brown Centre of Ageing *an der University of Kentucky hat entdeckt, daß Leute mit einem akademischen Abschluß, die ihr Gehirn dauernd vor neue Herausforderungen stellen, länger leben als weniger gebildete Menschen.*

*Diese neue Sicht in den Gehirnwissenschaften hat zu der
Erkenntnis geführt, daß es wohl zu einem wichtigen Teil vom einzelnen abhängt, ob er mit 65 oder mit 102 sein Leben beendet.*

schichtliche Phase, eine Art Schluckauf, weil man dem Gehirn so wenig Nahrung gab, daß seine Leistung nur nachlassen konnte. Die Experimente beweisen also genau das Gegenteil dessen, was man für gewöhnlich in sie hineininterpretiert. Sie beweisen nicht, daß das Gehirn im Alter immer weniger leisten kann, sondern vielmehr, daß das menschliche Gehirn im Laufe eines Lebens immer mehr leisten kann – unter gewissen Umständen.

Übertriebene Gerüchte

Wir wollen uns nun mit den weitverbreiteten Berichten über das mit steigendem Alter schwindende Gedächtnis befassen. Diese beruhen, wie sich gezeigt hat, auf einer Fehlinformation, die die subjektive Wahrnehmung der eigenen Leistungen in diesem Bereich erheblich trübt. Es gibt einen weltweiten Verein, den „Mein-Gedächtnis-läßt-mit-zunehmendem-Alter-nach"-Klub, und man sieht, wie die Mitglieder sich gegenseitig bemitleiden, weil ihr Gedächtnis angeblich so sehr nachgelassen hat. Und das schon mit 30 Jahren!

Wenn Sie tatsächlich ihr Gedächtnis prüfen und sehen wollen, was für ein großartiges „Gedächtnisgenie" Sie früher einmal waren, gehen Sie doch nach dem Unterricht in die erstbeste Schule in Ihrer Nähe und schauen sie, was die jungen Giganten zurücklassen: Kugelschreiber, Bleistifte, Schuhe, Jacken, usw. Der einzige Unterschied zwischen einem 6- und einem 60jährigen besteht darin, daß der 6jährige, wenn er nach Hause kommt und entdeckt, daß er Sachen in der Schule vergessen hat, nicht sagt: „O mein Gott, mein Gedächtnis läßt nach." Der Erwachsene tut das allerdings, denn er meint, er hätte früher ein perfektes Gedächtnis gehabt, und er ist sich außerdem ganz sicher, daß sein Erinnerungsvermögen in steigendem Maße nachläßt. Diese falschen Grundgedanken bestätigen und fördern sich gegenseitig. Und eben diese Überzeugung kann das Gehirn zu Fall bringen. Sie könnte letztlich sogar die ganze Menschheit, den Planeten und jegliche Intelligenz zerstören.

Diese Berichte haben also keine Beweiskraft, da sie eindeutigen Täuschungen unterliegen. Sie hängen sich an Experimente, die wiederum von den erwähnten Berichten abhängen, und so weiter und so fort: Hand in Hand in einem immer teuflischeren Kreislauf.

Auch die sogenannten Beweise aus dem sozialen Kontext lassen sich widerlegen. Wer sagt denn, daß wir 65jährige in den Ruhestand schicken müssen? Wenn wir die Evolution wissenschaftlich betrachten und annehmen, daß die Spezies Mensch drei Millionen Jahre alt ist, dann ist das moderne Gehirn, mit dem wir alle ausgerüstet sind, nur etwa 50.000 Jahre alt, und das wiederum bedeutet, daß wir erst ein paar Generationen lang damit experimentiert haben. Das reicht nicht aus, alle Menschen über 65 zu einem miserableren Leben zu verdammen.

Schreiben Sie nun zehn Worte auf, die generell mit dem Alter verbunden sind ...

Die gesellschaftliche Einstellung zum Alter ist relativ schlecht und die Worte, die die meisten damit verbinden, sind eher negativ, überheblich oder auf das Übelste euphemistisch. Wir haben einige der häufigsten aufgelistet:

- traurig
- einsam
- krank
- alt
- arm
- allein
- dreckig
- krüppel
- langsam
- schwach
- Rentner
- uralt
- Senioren

Wir wollen das mal aus der Sicht eines Kindes betrachten. Wenn ein Kind mit diesen Ideen über das Alter aufwächst, was wird es höchstwahrscheinlich tun? Der Sache aus dem Weg gehen? Nicht darüber nachdenken? Was verursacht eine solche Überzeugung bei einem Kind? Denken Sie einmal darüber nach.

Ein Kind wird sich keinesfalls darüber Gedanken machen oder sich damit befassen wollen und sich deshalb auch nicht darauf vorbereiten. Es wird später allerlei Fehler bei sich entdecken, die darauf beruhen, daß es „älter wird". Das heißt: es wird keinerlei vorbeugende Maßnahmen ergreifen, weil es dadurch an sein grauenhaftes Schicksal erinnert wird, das immer näher kommt. Stellen Sie sich das nun als globalen, intellektuellen Konsens vor.

Dabei handelt es sich übrigens um eine relativ neue Einstellung, denn vor nicht allzu langer Zeit waren solche Überzeugungen nicht die Norm. Schreiben Sie die Worte auf, die andere Gesellschaften den älteren, ältesten und weisen Menschen ihres Stammes gegeben haben.

Einige der Worte, die wir bei unserer Recherchen gesammelt haben, lauten:

- Wissende/ Weise
- Älteste
- *Paterfamilias*
- Patriarch
- Matriarch
- Verehrungswürdige
- Veteranen
- Allsehende
- Die Erhabenen
- Gurus
- *Troisième âge*
- Orale Historiker
- Orakel
- *O sensei*
- *Les vieux*

Solche respektvolle Bezeichnungen werden in einigen Gemeinschaften auch noch heute verwendet.

Beweismangel

Dies führt uns zu dem letzten, angeblichen „Beweis", daß nämlich die Gehirnzellen absterben. Wenn Neuronen faktisch die Computerchips des Gehirns sind, dann wäre das eine ziemlich verheerende Tatsache. Wir berichten daher gerne, daß vor einigen Jahren ein Forschungsteam des *New Scientist* und – unabhängig davon – Dr. Marion Diamond aus den USA, die Frage untersuchten: „Wer hat das gesagt?" Die Beweise befänden sich angeblich in medizinischen Textbüchern. Also überprüften sie die Literaturverweise – und dann die Verweise, auf die diese wiederum verwiesen – und es zeigte sich, daß es sich eigentlich um einen gigantischen geschlossenen Kreislauf handelte. Jeder zitierte jeden, und es gab keinerlei ausschlaggebende Daten. Es gab Hinweise, Zusammenhänge und Anhaltspunkte, aber nicht einen einzigen echten Beweis.

Brain Flash

Das alte Gehirn ist genauso aktiv wie das junge

Jüngste Untersuchungen bei Männern im Alter zwischen 21 und 83 Jahren am National Institute of Ageing *ergaben, daß „das gesunde, ältere Gehirn genauso aktiv und effizient ist wie das gesunde, jüngere Gehirn"; zum Zweck dieser Untersuchungen wurde der Stoffwechsel verschiedener Gehirnareale geprüft.*

„Allerdings reagieren ältere Menschen, die beispielsweise wegen eines Herzschlags oder einer gebrochenen Hüfte im Krankenhaus aufgenommen werden, manchmal verwirrt", meint Dr. Avorn, „was möglicherweise mit ihrer Medikation und deren Nebenwirkungen oder ganz einfach damit zusammenhängt, daß sie sich in einer völlig ungewohnten Umgebung befinden. Familienmitglieder oder Ärzte reagieren in solchen Situationen allerdings meist völlig falsch. Sie nehmen an, daß es sich um erste Anzeichen von Senilität handelt und stecken sie in ein Pflegeheim."

Des weiteren führte er aus: „Niemand weiß genau, wie viele Menschen völlig unnötig im Pflegeheim untergebracht werden, aber wir haben genügend klinische Hinweise darauf, daß es sich um eine ziemlich große Zahl handeln muß."

Die neuere Forschung hat nachgewiesen, daß mit zunehmendem Alter *keine* Gehirnzellen absterben, vielmehr formen die Zellen *viele neue* Verbindungen, wenn das Gehirn entsprechend viel denkt. Positiver Streß optimiert den Biocomputer durch die Formung neuer Verbindungen, so daß er über sehr viel mehr Synapsen und dadurch über ein größeres Potential verfügt, um Daten und Informationen miteinander zu verknüpfen.

Wir sind heute soweit, daß alle bisherigen „Beweise" für die automatische Degeneration des Gehirns widerlegt werden können.

Wir – wenn wir die Menschheit als Ganzes betrachten – investieren viele Billionen Dollar in die Entwicklung eines intellektuellen Systems (den Menschen), aber sowie dieses Wesen seinen Höhepunkt erreicht, mit 65, sagen wir quasi: „Schalte das System ab." Das ist derart irrational, daß es schon fast wieder zum Lachen ist. Allerdings berauben wir uns damit auch unseres kollektiven Gedächtnisses und un-

Der Pulsschlag des Gehirns

Kaum ein Superlativ kann ausreichend beschreiben, was sich in der Mitte des „Jahrzehnts des Gehirns" im Rahmen der Gehirn- forschung ereignet. Gemäß Gerald Fishback, Professor für Neuro- logie an der Harvard Universität, kann die Philosophie es sich nicht mehr leisten, die Resultate der Gehirnexperimente zu ignorie- ren, die „dringender, herausfordernder und aufregender" sind, als alles, was es in diesem Bereich bisher gegeben hat: „Unser Überleben und wahrscheinlich das Überleben des gesamten Planeten hängt von einem besseren Verständnis des menschlichen Geistes ab."

serer Geschichte. Wir sagen eigentlich: „Deine 65 oder 85 Jahre Er- fahrung sind vollkommen irrelevant, sie haben keinerlei Bedeutung." Firmen gehen so vor, wenn sie ihren Mitarbeitern anbieten, in den Vorruhestand zu gehen. Die Ironie dabei ist natürlich, daß das Unter- nehmen nun nicht mehr weiß, wie es in der Vergangenheit mit einer bestimmten Krise oder Situation umgegangen ist, und es hat damit ei- ne Menge intellektuelles Kapital verloren. Wenn also dieselbe Situa- tion wieder auftaucht, muß es die Rentner wieder anwerben – als Be- rater! Dieses Buch betont hingegen: „Es ist an der Zeit, dies alles zu ändern."

Je älter das Gehirn wird, desto leistungsfähiger wird es, und zwar bis zum Augenblick des Todes – sofern es gut genutzt und behandelt wird. Wie man das macht, wollen wir jetzt besprechen.

Die Gehirnzelle

Jedes menschliche Gehirn besteht aus einer Billion Nervenzellen, den Neuronen; in Zahlen besteht das Gehirn aus zehn hoch zwölf Neuro- nen – eine Eins mit zwölf Nullen. Diese Zahl wird vielleicht greifbar, wenn Sie sich das als Bausteine vorstellen. Wir beginnen mit zehn Bausteinen, die vor uns liegen. Fügen Sie eine Null hinzu – multipli- zieren Sie den Haufen also mit zehn und stellen Sie sich diesen Hau- fen vor: Hundert Bausteine. Fügen Sie wieder eine Null hinzu, also

multiplizieren sie nun diesen Haufen mit zehn. Jetzt haben sie 1.000
Bausteine. Eine weitere Null und aus 1.000 werden 10.000 Bausteine.
Eine weitere Null und nun liegen 100.000 Bausteine vor Ihnen. Fügen
Sie einfach weiter Nullen hinzu, bis es zwölf sind. Jetzt haben Sie die
Anzahl Neuronen erreicht, aus denen unser Gehirn im Durchschnitt
besteht.

Fiat lux – Es werde Licht!

Gehirnzellen verfügen über außerordentliche Fähigkeiten, die unsere
Erwartungen bei weitem übertreffen. Wir wollen uns das noch einmal
genauer ansehen. Jede Gehirnzelle enthält den genetischen Code, sie
hat also ein exaktes Duplikat unserer selbst abgespeichert. Bedenken
Sie einmal, wieviel Informationen ein Neuron allein schon aus diesem
Grund enthalten muß. Das ist eine gigantische Bibliothek und doch
nur ein Bruchteil dessen, wozu die Gehirnzelle fähig ist. Eine einzige
Zelle leistet weit mehr als der modernste Computer. Interessant auch:
In Ihrem Gehirn existieren potentiell mehr menschliche Wesen, als es
Menschen auf der Erde gibt. Sie haben also das menschliche Potential eines gesamten Planeten in Ihrem Kopf!
    Kleine Lebewesen, beispielsweise Bienen, haben die gleichen
Neuronen wie wir. Der Unterschied besteht nur darin, daß sie lediglich ein paar Tausend Hirnzellen haben: Und trotzdem haben sie damit bereits enorme Fähigkeiten! Sie können riechen, sehen, navigie-
ren, sich erinnern und miteinander kommunizieren. Die Forschung
hat gezeigt, daß Insekten eine Gehirnzelle haben, die quasi der Pate
des Gehirns ist: Sie ist der Boß. Diese Nervenzelle unterscheidet sich
nicht von den anderen – aber es zeigt, wozu jede Zelle fähig wäre.
Und unser Gehirn zählt eine Billion davon.
    Jede Zelle ist ein selbständiges System. Sie erweitert sich und
sucht die Verbindung zu anderen. Und genau diese Verbindungssuche
ist wesentlich. Wenn man in das Gehirn blicken könnte, sähe man die
größte „Schmuseparty" der Welt. Jede Gehirnzelle umarmt viele andere mit ihren Ausläufern, nennen wir sie einmal Tentakel, und schafft
Verbundenheit. Auf jedem Tentakel befinden sich kleine „Pilze" (wie
die Saugnäpfe an den Fangarmen eines Tintenfisches) und zwar zehntausende. Und jede Zelle hat Tausende oder Zehntausende dieser Tentakel, die auf millionenfache Weise miteinander verbunden sind. In je-

dem einzelnen „Pilz" auf den Tentakeln sind Tausende chemischer Stoffe vorrätig. Wann und was auch immer Sie denken, es führt zu einer elektromagnetischen und biochemischen Reaktion. Ein Impuls pflanzt sich im Zweig einer Gehirnzelle fort, aus Gründen, die wir noch nicht kennen und verstehen. Jedes Neuron entscheidet selbständig, wohin die Nachricht weitergeleitet wird. Obwohl jede Gehirnzelle also mit vielen anderen verbunden ist, ist sie zugleich auch völlig autonom. Wenn eine Nachricht einen Tentakel durchläuft und einen Pilz (eine Synapse) erreicht, „feuert" diese einen chemischen Cocktail über einen Zwischenraum zum nächstgelegenen Pilz einer anderen Zelle. Dieser Zwischenraum heißt synaptischer Spalt.

Die Nachricht folgt also einem bestimmten Weg durchs Gehirn, den man „Gedächtnisspur" nennt. Die Gedächtnisspuren insgesamt bilden phantastische, aber reale Gedankenmuster. Diese Muster kann man als Landkarte des intellektuellen Territoriums betrachten, als Darstellung einer Gewohnheit und als Abbild einer Wahrscheinlichkeit. Das alles stellen diese Muster dar, und sie sind ganz real.

Wenn sich in einem Baby eine Gehirnzelle formt und heranwächst, hat sie eine Grundstruktur und wächst auf eine ganz bestimmte Art und Weise. Empfängt das Baby keine Anregungen, so kann es seine Intelligenz nicht formen. Die Gehirnzellen stellen keine Verbindungen her und wachsen „wild". Anregung ist ein Schlüsselfaktor für das Wachstum und die Komplexität dieses Organs. Nicht die Größe der Zellen ist von Belang, sondern die Verbindungen und ihre Verästelung.

Bildungsgrenzen

Die Frage nach den Grenzen menschlicher Bildung – die Fähigkeit des Menschen, im Laufe der Zeit und mit zunehmendem Alter zu lernen – läßt sich gewissermaßen auf eine mathematische Gleichung reduzieren. Wie viele Gehirnzellen stehen zur Verfügung? Wie viele Gedanken kann ein Gehirn aufnehmen? Oft muß die Überzeugung, daß die Kapazität begrenzt sei, als Grund herhalten, wenn Leute nicht mehr lernen wollen: „Ich werde nicht mehr lernen, denn mein Gehirn ist fast voll, und ich sollte mir noch ein bißchen Platz aufheben." Das ist jedoch lachhaft, und dieses Buch soll auch dazu dienen, dieser Ansicht fundiert widersprechen zu können.

Wie viele Gedächtnisspuren können wir also schaffen? In den 50er Jahren dachte man, es wären etwa 10 hoch 100 Gedächtnisspuren möglich. Nach einiger Zeit änderte man diese Zahl zu 10 hoch 800. Auch diese Zahl erwies sich als falsch, und die neue Zahl, die Professor P. Anokhin für die potentiell möglichen Gehirnmuster berechnet hat, ist *mindestens* eine 1 mit 10,5 Millionen Kilometer Nullen. Unsere Kapazität ist also faktisch unendlich. Und potentiell könnte jemand wie Dominic O'Brien im Alter von 95 Jahren Gedächtnisweltmeister werden, weil er die gesamte Geschichte der Menschheit auswendig gelernt hat – jedenfalls mathematisch gesehen.

Metapositives Denken: die Fähigkeit, sich positiv zu wandeln

Wirklich bemerkenswert ist auch, daß der Gedankenprozeß sich selbst vorantreibt. Wir wollen uns nun das Gehirn „vor Ort" ansehen. Wir wollen uns mit einer Gehirnzelle und einer Gewohnheit beschäftigen, die diese Zelle mit vielen anderen Zellen verbindet, und zwar mit einer „Starken Schlechten Gewohnheit", einer SSG, die ziemlich ungesund ist. Sie sind sich dieser Gewohnheit bewußt und möchten sie loswerden. Angenommen, diese Gewohnheit besteht darin, täglich zwei Tafeln Schokolade zu essen, und Sie wiegen 180 Kilogramm und tun das nun schon seit 20 Jahren.

Aber es könnte auch eine andere SSG sein, aufgrund der Sie zwölf Jahre von Ihrer Lebenserwartung subtrahieren müssen; Sie rauchen beispielsweise 40 Zigaretten täglich oder ähnliches … aber wir wollen zunächst bei dem Beispiel Schokolade bleiben.

Was fällt Ihnen als allererstes ein, wenn Sie sich vornehmen: „Ich werde nie mehr Schokolade essen!" Beachten Sie, daß Ihnen als allererstes Schokolade einfällt, wenn Sie diesen Satz lesen. Haben Sie nicht auch eine Tafel Ihrer Lieblingsschokolade vor Ihrem inneren Auge gesehen?

Sich positiv wandeln – Wie man mit metapositivem Denken eine eigene Alterungsstrategie entwerfen kann

Es schwirrt also ein Gedanke durch Ihren Kopf, und zwar schon seit langer Zeit, denn es handelt sich ja um eine Gewohnheit, etwas, worüber Sie nicht einmal mehr nachdenken – er ist unbewußt – und jetzt versuchen Sie ihn – bewußt – zu ändern. Die gute Nachricht lautet, daß der Gedanke „Ich werde mich ändern" das Gehirn bereits auf der physiologischen Ebene ändert und daß Ihre Neuronen eine neue Gedächtnisspur legen. Aber – eine Gewohnheit ist etwas, das Sie bereits viele Jahre lang tun; und dann hat jemand Geburtstag und bietet Ihnen Schokolade an! Was denken Sie nun, wenn Sie die Schokolade ansehen? Vielleicht: „Ich nehme ein Stück."

Das ist eine SSG, eine „Starke Schlechte Gewohnheit". Sie haben Jahre darauf verwendet, sie in Ihrer mentalen Software abzuspeichern. Ist es daher vernünftig, zu glauben, Sie könnten das mir nichts, dir nichts verändern? Dennoch installieren Sie jedes Mal, wenn Sie sich wieder auf Ihr Ziel besinnen, neue Gedankenmuster und formen die neuen, positiven Gedanken einer GNG (Gute Neue Gewohnheit).

Metapositives Denken: Grundlagen

Welche sind das? Man muß entscheiden, worauf man sich konzentrieren will, und dann besinnt man sich immer und immer wieder darauf. Wieder zu unserem Beispiel mit der Schokolade: Worauf haben Sie sich konzentriert? Nicht auf die Schokolade, aber worauf denn? Sie haben sich darauf konzentriert, was Sie gewinnen, wenn Sie keine Schokolade mehr essen. Ihr Ziel bei der Überwindung der „Starken Schlechten Gewohnheit" und der Bildung einer „Guten Neuen Gewohnheit" lautet: fitter und gesünder zu werden. Wie könnten wir dieses Ziel am besten beschreiben? Damit sie wirklich effektiv ist, muß eine Affirmation folgende Kriterien erfüllen:

- Sie muß persönlich sein – Ich …
- Sie muß im Präsens stehen – Ich bin …
- Sie muß den Vorgang Ihres Handelns abdecken. Das ist wichtig, denn wenn Sie sagen würden: „Ich bin gesund" und es nicht sind,

Die scharfen Zähne einer „Starken Schlechten Gewohnheit"

lügen Sie sich selbst in die Tasche; also: Ich bin auf dem besten Wege ...
• Und sie muß das Ziel enthalten: Ich bin auf dem besten Wege, gesund zu werden.

Sich immer wieder auf das Ziel zu besinnen, hilft dem Gehirn, neue Schaltkreise zu intallieren und eine SSG in eine GNG umzuwandeln.

Das Bild zeigt die gefährlichen Zähne „Starker Schlechter Gewohnheiten" und wie sich „Gute Neue Gewohnheiten" bilden, wenn Sie ihnen die entsprechende Kraft verleihen. Die abgebildete Vorgehensweise nennt man metapositives Denken, also Denken, das Dinge positiv ändert.

Die metapositive Betrachtung des Alterungsprozesses

Wie läßt sich dies alles auf den eigenen Alterungsprozeß anwenden? Ihre Gedanken darüber könnten sowohl Teil einer SSG oder einer GNG sein. Wie hätten Sie es denn gern? Beim Entwurf einer eigenen Strategie für erfolgreiches Altern sollten Sie folgende Punkte besonders berücksichtigen. Falls Sie:

- mit aerobischem Training (z.B. Rudern, Schwimmen, Laufen, Radfahren) beginnen wollen und das bisher nicht getan haben ...,
- sich nicht mehr so ungesund ernähren wollen, um Ihre Fitneß und Ausdauer zu steigern ...,
- das Rauchen aufgeben ... oder nicht mehr übermäßig Alkohol trinken wollen ...,
- die Leistung Ihres Gedächtnisses steigern, ein anspruchsvolles Mentaltraining aufnehmen oder eine neue mentale Fähigkeit entwickeln möchten, zum Beispiel Denksport, Schach, Go oder das Mindmapping ...,
- Schwimmen oder auch Jonglieren oder eine Kampfkunst lernen wollen ...,

dann hat unsere Nachricht, wie Sie eine STARKE SCHLECHTE GE-WOHNHEIT in eine GUTE NEUE GEWOHNHEIT verwandeln, wesentliche Bedeutung für Sie!

Der nächste metapositive Schritt: PEFNAT

PEFNAT ist eine von Tony Buzan entwickelte Mnemotechnik und spiegelt die Art und Weise wider, wie das Gehirn lernt, so daß es Ihnen leichter fällt, sich an Dinge zu erinnern. Zum besseren Verständnis von PEFNAT wollen wir uns ein konkretes Beispiel ansehen. Wir unterrichten bei unseren Seminaren Go, Schach, Denksport und Jonglieren, weil sie jeweils eine gute Metapher für das Lernen sind. So mancher mutiger Teilnehmer lief buchstäblich rückwärts, wenn er mit den Jonglierbällen konfrontiert wurde. Der erste Wurf mag erfolgreich sein oder auch nicht, aber wie soll man eigentlich seinen Erfolg oder Mißerfolg beurteilen können, wenn man kein Vergleichsmaterial hat? Man sieht sich vielleicht um und schaut, wie gut andere sind, und wenn man selbst wenig Erfolg hat, gibt man womöglich ganz schnell wieder auf.

Wie Sie individuell lernen und Ereignisse verarbeiten, ist der Schlüssel zum erfolgreichen Altern.

Wie also lernen Sie? Die letzten zehn Jahre haben wir die Ansichten vieler Menschen weltweit zusammengetragen und sie ähneln sich teilweise enorm. Weiter unten finden Sie eine Graphik dieser Ansichten. Sie laufen darauf hinaus, daß man neue beziehungsweise andere Gewohnheiten allmählich, also in einer glatten Kurve, aufbaut oder annimmt.

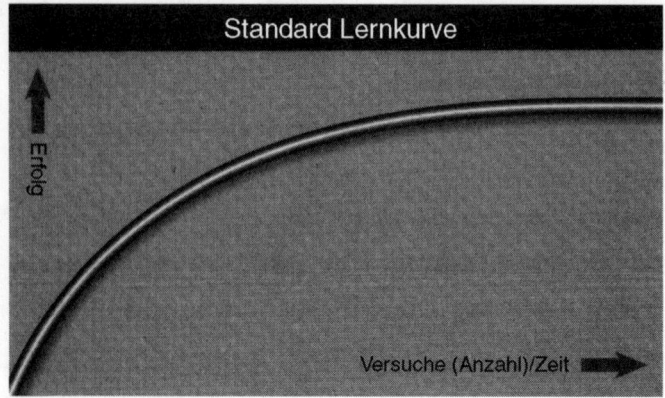

Das ist jedoch eine Täuschung! Aber eine ziemlich weit verbreitete und überzeugende, denn man findet sie auf der ganzen Welt.

Das Gehirn lernt und integriert neue Fähigkeiten jedoch auf eine ganz eigene Art und Weise, und wir nutzen die PEFNAT-Mnemotechnik, um ihre Einzelheiten aufzugliedern:

„P" steht für Probieren. Sie probieren etwas neues aus: Jonglieren, eine gesündere Ernährung, weniger zu trinken, das Rauchen einzustellen, aerobisches Training, usw. Sich für neue Sachen zu interessieren und sich mentalen Herausforderungen zu stellen, gehört ebenfalls dazu.

„E" steht für Ereignis. Etwas geschieht. Sie fangen den Ball oder aber nicht. Dies ist jeweils nur ein Ereignis und an sich weder ein Erfolg noch ein Mißerfolg. Das Gefühl, erfolgreich zu sein oder zu versagen, vom Ereignis zu trennen, heißt, daß man auch dann weitermachen kann, wenn andere „versagen". Es bedeutet außerdem, daß Sie klarere Kriterien für das Geschehen entwickeln können, egal, ob das Ereignis selbst „gut" oder „schlecht" ist. Sie können etwas lernen, ohne es zu beurteilen und in eine Schublade zu stecken.

„F" steht für Feedback. Wie ist es Ihnen ergangen? Geeignetes Feedback hilft Ihnen, Dinge genau einzuschätzen und den nächsten Schritt gut zu planen …

„N" steht für Nachprüfen. Prüfen Sie es anhand einer anderen Leistung nach – die eines Profis, die ihres Lehrers oder anhand Ihrer eigenen Ziele …

„A" steht für Anpassen. Man könnte Irrsinn auch so definieren, daß man eine Sache tut, aber andere Resultate erwartet. Wenn also das, was sie tun, nicht funktioniert, gehen Sie die Sache doch einmal anders an – ein anderer Lehrer oder andere Geräte und Instrumente.

„T" steht für Triumph. Es ist an der Zeit, etwas zu feiern. Das Gehirn sollte sich auf etwas freuen können, wenn es Erfolg hat, und den wird es haben, weil es die richtige Formel anwendet.

„Es irrt der Mensch, so lang er strebt."

Johann Wolfgang von Goethe

Die folgende Graphik zeigt, wie das Gehirn tatsächlich lernt: Plateaus, tiefe Täler und Gipfel. Wenn Sie das nächste Mal etwas Neues tun, schauen Sie sich diese Graphik noch einmal an und stellen Sie fest, in welcher Phase Sie sich gerade befinden. Lassen Sie sich nicht davon entmutigen, daß dem Anschein nach etwas schiefläuft. Das ist ganz natürlich, wenn man etwas lernt oder wenn man sich ändert.

Angenommen, Sie möchten das Rauchen einstellen (es könnte auch eine andere „Starke Schlechte Gewohnheit" sein: zu viel zu es-

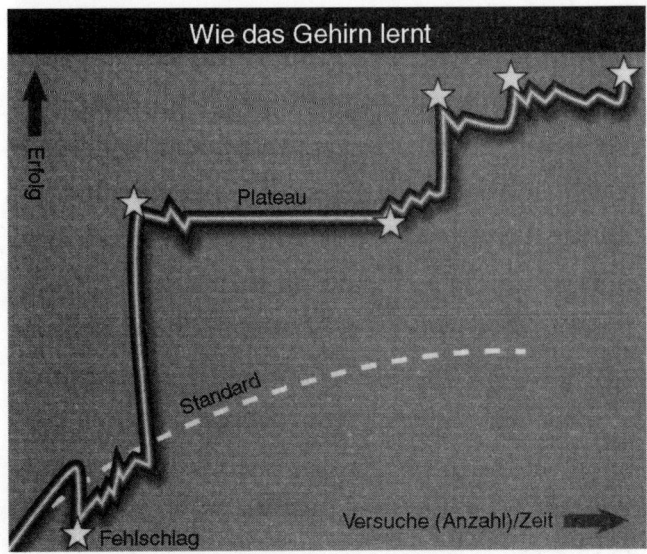

Brain Flash

Nikotin schadet den Gehirnzellen

Nach Linda Wong von der University of Texas/Galveston *schadet Nikotin den Gehirnzellen und stimuliert sie nicht, wie man allgemein angenommen hatte. Die Forscherin meint, ihre Forschungsresultate können auch den beruhigenden Effekt erklären. Wong stellte fest, daß Nikotin die Aktivität von Zellen in Rattenhirnen unterdrückt, die für das Lernen, das Gedächtnis und die Gefühle verantwortlich sind. Sie erläuterte ihre Experimente und Schlußfolgerungen im August 1989 auf der 40. Jahresversammlung der* American Society for Pharmacology and Experimental Therapeutics. *Die Ergebnisse widerlegen die herkömmliche wissenschaftliche Meinung, Nikotin stimuliere Gehirnzellen.*

Seit Jahren glauben Wissenschaftler, daß die Droge bestimmte Neuronen anregt, die wiederum andere Gehirnfunktionen unterdrücken und dadurch eine beruhigende Wirkung beim Raucher erzeugen. Wong sagte, ihre Forschung an Ratten lasse den Schluß zu, daß Nikotin die neuronale Aktivität beim Menschen reduziere. Ihre Resultate beruhen auf einer zweijährigen Studie, bei der aus Rattenhirnen stammendes Gewebe mit Nikotin behandelt wurde.

Wongs Forschung befaßte sich eigentlich mit den Mechanismen, die jene Rezeptoren steuern, die den Theta-Rhythmus im Gehirn auslösen. Es war lediglich Zufall, daß sie und ihre Kollegen auf die Tatsache stießen, daß Nikotin die Nervenaktivität bremst. „Das war für uns alle eine große Überraschung", meint Wong. Es erwies sich, daß Nikotin den Mechanismus bremst, mit dem Neuronen Signale weiterleiten. Bei diesem Vorgang setzt die Gehirnzelle Potassium frei, das die Signalübertragung zwischen Nervenzellen entscheidend hemmen kann. Eine weitere Erklärung für die „beruhigende" Wirkung von Zigaretten könnte darin liegen, daß Raucher beim Inhalieren in gewisser Weise für einen Sekundenbruchteil „ohnmächtig" werden, da die Lunge und das Gehirn zeitweise an Sauerstoffmangel leiden.

Diese Forschungsresultate stimmen völlig mit der in Kapitel zwei geschilderten Lebenserwartung überein und geben die Warnung: Subtrahieren Sie zwölf Jahre von Ihrer Lebenserwartung, wenn Sie mehr als 40 Zigaretten pro Tag rauchen.

sen oder zu trinken beispielsweise oder keine körperliche Übung). Der entsprechende metapositive Prozeß könnte dann möglicherweise wie folgt aussehen.

Ein typischer, mit PEFNAT gesteuerter, metapositiver Prozeß

1. Probieren: Fühlt sich ständig kraftlos.
2. Ereignis: Raucht täglich 40 Zigaretten.
3. Feedback: Experten sagen, diese Gewohnheit kostet Sie 12 Jahre Ihrer Lebenserwartung.
4. Nachprüfen: Fragt um eine zweite Meinung und Rat.
5. Anpassen: Raucht immer weniger. Es gibt Berge und Täler.
6. Triumph: Wird langsam – aber stetig – immer gesünder.

Die metapositive Botschaft: Es ist nie zu spät (oder zu früh), um anzufangen

„Lerne alles! Später wirst du merken, daß nichts davon überflüssig war."

Prior Hugh von St. Viktor, Flandern, 12. Jahrhundert

„Alles ist mit allem verbunden."

Leonardo da Vinci

Sie verfügen nun über genügend erstaunliche Informationen, um das Potential Ihres Gehirns weiter zu entfalten!
Es ist daher an der Zeit, die ersten Schritte zu tun.

Brainstorming: Goldene Regeln

1. Glauben Sie an Ihr Gehirn und sein Potential.
2. Erforschen Sie es auf allen Ebenen: von der Biophysik und Neurochemie bis hin zur riesigen Palette mentaler Fähigkeiten. Erkunden Sie das metapositive Denken und PEFNAT, bis Sie davon durchdrungen sind.

3. Halten Sie Ihr Gehirn in Ehren.
4. Nutzen Sie es; oder wie Leonardo da Vinci es in seinen Gesetzen für die Entwicklung eines „vollendeten" Gehirns zum Ausdruck brachte:

- Studiere die Wissenschaft der Künste!
- Studiere die Kunst der Wissenschaft!
- Lerne zu sehen/entwickle die Sinne!
- Praktiziere diese drei Grundsätze in dem Wissen, daß alles mit allem verbunden ist!

Wenn Sie lernen, wie Ihr Gehirn funktioniert, stärken und verbessern Sie damit zugleich auch seine Leistungskraft. So wird allein schon die Tatsache, daß sie hören und erkennen, daß die Vorstellungskraft und das Assoziationsvermögen zu den wichtigsten „Talenten" des Gehirns gehören, ihr Gehirn automatisch dazu veranlassen, beide Talente häufiger anzuwenden.

Hat man erst einmal ausreichend Erkenntnisse über die Grundfähigkeiten und außerordentlich subtilen Mechanismen seines Gehirns gesammelt, dann kann man diesen Prozeß damit unterstützen, sich bestimmte Fertigkeiten beizubringen, beispielsweise das Mindmapping, Mnemotechniken, kreatives Denken, Hochgeschwindigkeitslesen und eine ganze Reihe körperlicher Betätigungen. Je mehr Sie über Ihr Gehirn lernen und wie man es richtig nutzen kann, desto kraftvoller aktivieren Sie einen positiven Rückkopplungseffekt. So kann beispielsweise die Erkenntnis, daß normale, aktive und gesunde Gehirne durch Alterung keinerlei Zellen verlieren, außerordentlich ermutigend und motivierend wirken. Wir wollen uns nun der Frage widmen, die uns die 40- bis 50jährigen Leser und Zuhörer bei unseren Seminaren am häufigsten stellen.

Frage: Wie kann ich dafür sorgen, daß mein Gedächtnis nicht mehr nachläßt oder es verbessern?

Vielleicht haben Sie schon öfter eine Telefonnummer bekommen und sie gleich wieder vergessen, oder man hat Ihnen zehn Leute vorgestellt, und als Sie beim zehnten angekommen waren, hatten Sie die Namen der anderen schon wieder vergessen. Ältere Menschen betrachten das oft als konkreter Beweis für nachlassende mentale Fähigkeiten. Aber diese Symptome sind bei jungen Leuten genauso weit verbreitet.

Antwort: Das Langzeitgedächtnis agiert derart „automatisch", daß vielen Menschen nicht klar ist, daß es auch zu ihrem Gedächtnis gehört. So ist beispielsweise jedes Wort, das man äußert, eine Funktion des Langzeitgedächtnisses und ein gutes Beispiel für die ungeheure Beständigkeit und Präzision unserer erstaunlichen Fähigkeiten.

Man hört viele ältere Menschen laut darüber klagen, daß ihre mentalen Fähigkeiten und insbesondere ihr Gedächtnis nachläßt. Diese Klage äußern sie jedoch derart zusammenhängend und eloquent, daß zumindest ihr sprachliches Gedächtnis offensichtlich meisterhaft funktioniert – so daß ihr Tun ihrer Behauptung vehement widerspricht!

Ihr Name, der enorme Bereich Ihres „Allgemeinwissens", Ihre Umgebung und die Wege, die Sie nehmen, sind alle im Langzeitgedächtnis abgespeichert. Sie können sowohl Ihr Kurzzeit- als auch Ihr Langzeitgedächtnis verbessern, indem Sie Ihre Konzentrations-, Assoziations- und Vorstellungskraft üben und indem Sie – wie Leonardo

---

Welche Schritte sollte ich nun unternehmen?

1. Wenn Sie bisher noch kein Körpertraining machen, sollten Sie jetzt damit anfangen, denn nun wissen Sie, wie Ihr Gehirn eine „Gute Neue Gewohnheit" bildet.

2. In den nachfolgenden Kapiteln finden Sie einige Ernährungstips. Wie ernähren Sie sich – gesund? Oder ziehen Sie Fast food und Süßigkeiten vor? Wenn dem so sein sollte, dann ist es nun, da Sie wissen, wie Sie eine „Starke Schlechte Gewohnheit" ablegen können, an der Zeit, das zu ändern!

3. Nutzen Sie PEFNAT und Ihre neuen Kenntnisse über die SSG und GNG und fördern Sie damit Ihre Selbstverpflichtung, in jeder Hinsicht gesünder zu werden. Sie erweitern damit Ihre mentalen Fähigkeiten und leben nicht nur länger, sondern können Ihr Leben auch länger genießen.

4. Wenn Sie eine bestimmte mentale Fähigkeit ausbauen wollen, beispielsweise Ihr Erinnerungsvermögen, dann wissen Sie nun, wie Sie Ihr Gehirn davon überzeugen können, mit der Ausbildung zu beginnen. Metapositives Denken ist der Schlüssel.

5. Nachdem Sie die Möglichkeit entdeckt haben, Ihr Gehirn durch Anregung weiterzuentwickeln, ist es wesentlich, eine moralische oder ethische Theorie zu finden, die die physiologische These wirkungsvoll untermauert. Genau das werden wir im nächsten Kapitel tun.

da Vinci empfahl – all Ihre Sinne weiterentwickeln. Mit solch einer
Förderung unterstützen diese Kräfte sich gegenseitig – und Sie.

Brain Flash

Die Weiterentwicklung des Gehirns

*Neurowissenschaftler erforschen den Nutzen mentaler Übung. Wie
kann man schneller denken, sein Gedächtnis verbessern und sich
gegen die Alzheimer-Krankheit schützen.*

*Es gibt immer mehr Belege für die Tatsache, daß das Gehirn wie
ein Muskel funktioniert – je stärker man es beansprucht, desto
stärker wächst es. Obwohl Wissenschafter lange der Meinung
waren, daß die Gehirnbahnen im Erwachsenenalter festgelegt und
nicht mehr flexibel seien, so zeichnet sich heute immer klarer ab,
daß die neuronale Anpassungsfähigkeit und Flexibilität bis ins
hohe Alter erhalten bleibt. Wichtiger noch: die Forschung eröffnet
ein wahres Füllhorn an Möglichkeiten, Gehirnschläge, Kopfver-
letzungen – und nicht zuletzt die Alzheimer-Krankheit – effektiv zu
behandeln.*

Kapitel fünf

Goethes Herausforderung

„Wer immer strebend sich bemüht, den können wir erlösen. "

„Am Anfang war das Wort? Am Anfang war die Tat! "

Johann Wolfgang von Goethe, Faust

Wir haben nun entdeckt, daß die physiologische Stimulation des Gehirns zu dramatischen Verbesserungen führt. Der nächste logische Schritt ist die Suche nach künstlerischen, literarischen, politischen und philosophischen Grundlagen für diese physiologischen Tatsachen – nach einer „Philosophie der Stimulation".

Die Schriften Goethes, eines der größten Genies aller Zeiten, untermauern eine Entwicklungsstrategie seiner Selbst, deren Philosophie es ist, sich andauernd zu fordern. Wir zitieren aus Goethes Meisterwerk *Faust* und werden einige Schlüsselzeilen neu interpretieren, um diese Philosophie zu erläutern. Dabei ist das Element der Herausforderungen, die man sich selbst stellt, eminent wichtig, denn auf diesem Weg entwickelt man neue synaptische Verbindungen und verbessert somit sein Gehirn.

Die Herausforderung, die der Schlüssel zu diesem Buch ist

Man könnte sagen, Johann Wolfgang von Goethe (1749–1832) war und ist für die deutsche Kultur wie eine Verkörperung von Shakespeare, Milton, Byron, Dante, Racine, Corneille und Molière in ein und derselben Person. Berühmt wegen seines aktiven Wortschatzes von 50.000 Worten – ein Mann, der wahrscheinlich den höchsten IQ der Menschheitsgeschichte hatte – war Goethe außerdem Anwalt, Dichter, Dramatiker, Schriftsteller, Staatsmann, Historiker, Anatom, Botaniker, Optiker und Philosoph. Er verfolgte all seine Interessen parallel, mit dem gleichem Engagement, und wurde gute 83 Jahre alt. Auch im Moment des Todes strebte er noch nach dem Maximum, die Worte: „Mehr Licht!" auf seinen Lippen.

Sein größtes Meisterwerk ist sicherlich der *Faust*, Teil I und II. Dieses gigantische epische Opus, schlicht das beste dramatische Werk der deutschen Literatur, erzählt die Geschichte des Dr. Faust, jenes Wissenschaftlers und Philosophen, der dem Teufel (Mephistopheles) seine Seele verkauft, um unbekannte Mysterien durchdringen zu können, allwissend zu werden und die absolute Macht zu erringen. Die Tragödie des Faust ist ein Thema, dem sich auch andere Schriftsteller von Weltklasse gewidmet haben, beispielsweise Christopher Marlowe oder Thomas Mann, denn es gehört zu den wichtigsten Mythen der westlichen Zivilisation. Goethe hat dem Mythos jedoch eine andere Wendung gegeben, die auch seine lebenslangen, enorm kreativen Leistungen erklärt und eine sehr wichtige Botschaft für uns enthält.

Goethe begann als 48jähriger 1797 mit der umfassenden Planung des ersten Teils von *Faust*. Er arbeite den Rest seines Lebens immer wieder daran, und Faust II wurde zu seinem letzten großen Werk, das er 1831 vollendete, neun Monate vor seinem Tod.

In Tony Buzans *Book of Genius* haben wir erstmals das Geheimnis der Genialität gelüftet. Wir möchten diese Formel hier so darstellen, wie Goethe das wohl getan hätte. Leser, die ihre eigenen Fähigkeiten erweitern möchten, werden sofort die Bedeutung dieser Darstellung erkennen, egal, wie alt sie sind oder welchen Lebensstil sie haben:

Am Anfang war die Tat!

„Bis man sich seiner Aufgabe ganz verpflichtet weiß, ist man wankelmütig und erleidet Rückschläge – man kann das Werk nicht wirken. Jeder Schöpfungsakt (und jegliche Initiative) fußt auf folgender Wahrheit und sie zu ignorieren, mordet zahllose Ideen und glanzvolle Pläne: Sowie man sich seinem Werke mit Leib und Seele verschrieben hat, ist einem das Schicksal hold.

Ereignisse eilen nun zu Hilfe, die ansonsten nicht geschehen würden. Ein wahrer Strom der Ereignisse entspringt diesem Engagement und es ergießen sich – uns zu Gunsten – Unvorhergesehenes, Begegnungen und materielle Hilfe in unser Leben, wie wir uns es nicht hätten träumen lassen.

Was immer Du auch tun kannst oder erträumst, beginne es. Kühnheit ist voller Genie, Macht und magischer Kraft. Beginne es jetzt!"

Wir wollen nun die geheime Bedeutung hinter einer wesentlichen, unten aufgeführten Passage aus dem *Faust* erläutern. Sie enthält „Goethes Herausforderung" und eine wesentliche Wahrheit für alle, die die Leistungskraft und Effizienz ihres Gehirns mit zunehmendem Alter verbessern wollen.

Es handelt sich hier nicht um ein Trugbild, das bei einem leichtgläubigen Publikum ein künstliches Wohlbefinden erzeugen soll, sondern vielmehr um eine ausgezeichnet dokumentierte, medizinische Tatsache. Die synaptischen Verbindungen Ihres Gehirns vermehren sich und Ihr Assoziationsvermögen nimmt zu, wenn Sie Ihren Denkapparat immer wieder vor neue Herausforderungen stellen. Suchen Sie nach frischen Eindrücken und aufregenden Herausforderungen! Und Ihr Leben wird reicher, interessanter, lustiger und – letztlich – bedeutsamer.

Und so können Sie vorgehen

Geben wir Goethe das Wort. Wir befinden uns gerade in jene Szene des *Faust*, in dem Mephistopheles Faust jeden Genuß anbietet, den ein Mensch nur verlangen könnte. Hier ist Fausts sensationelle Antwort:

FAUST: Werd' ich beruhigt je mich auf ein Faulbett legen,
So sei es gleich um mich getan!
Kannst du mich schmeichelnd je belügen,
Daß ich mir selbst gefallen mag,
Kannst du mich mit Genuß betrügen;
Das sei für mich der letzte Tag!
Die Wette biet' ich!
MEPHISTOPHELES: Top!
FAUST: Und Schlag auf Schlag!
Werd ich zum Augenblicke sagen:
Verweile doch! Du bist so schön!
Dann magst du mich in Fesseln schlagen,
Dann will ich gern zugrunde gehn!
Dann mag die Totenglocke schallen,
Dann bist du deines Dienstes frei,
Die Uhr mag stehn, der Zeiger fallen,
Es sei die Zeit für mich vorbei!

Diese Botschaft färbt jede Empfehlung dieses Buches, sie gilt für jeden, der seine Gehirnleistung steigern will und nicht möchte, daß diese mit dem Alter schwindet.

Goethes Botschaft an uns, wie sie in diesen wenigen Zeilen zum Ausdruck kommt, lautet: nie nachzulassen und uns beständig weiter zu bemühen. Ein sinnvolles, positives Streben, das sich seines Platzes im Gesamtkontext des Universums voll bewußt ist. Aus dieser Warte betrachtet, ist Faust eine überaus optimistische Dichtung – Goethes Vermächtnis an sein Land und die Welt. Aufgrund seines sublimen, universellen Inhalts, seines emotionalen und intellektuellen Gehalts und der Vielfalt seiner poetischen Form hat Goethes *Faust* sich einen Platz neben Virgils *Aeneis*, Dantes *Göttlicher Komödie* und Miltons *Das Verlorene Paradies* verdient.

Bevor Sie sich nun den nächsten Kapiteln zuwenden – wobei wir Goethes Botschaft immer im Auge behalten und als Grundlage aller Informationen, Empfehlungen und Übungen betrachten sollten –, wollen wir uns kurz mit einem philosophischen Gegenargument befassen.

Ein Einwand von Voltaire?

Der französische Schriftsteller und Philosoph Voltaire (1694–1778) gab in seinem Buch *Candide* älteren Menschen in diesen metaphorischen Rat:

„Il faut cultiver notre jardin!“
„Wir sollten unseren Garten kultivieren.“

Diese zunächst beruhigende Empfehlung scheint von Goethes Botschaft unablässigen Strebens weit entfernt zu sein. Aber schauen wir doch einmal genauer hin. Voltaire schrieb nicht: „Wir sollten uns in unseren Garten zurückziehen“, oder: „Wir sollten im Garten ein Nickerchen machen“, oder: „Wir sollten im Garten Marihuana rauchen“, und auf keinen Fall: „Wir sollten uns im Garten sinnlos betrinken.“

Voltaire nutzte absichtlich, bewußt und subtil ein Wort, das Aktivität impliziert – „cultiver“ – und ist sich in diesem Sinne ganz mit Goethe einig.

Welche Schritte sollte ich nun unternehmen?

1. Werden Sie mental aktiv: Peilen Sie eine interessante Herausforderung an und meistern Sie sie. Wofür interessieren Sie sich besonders? Was können Sie gut? Was macht Ihnen Spaß? Wählen Sie eine Herausforderung in einem Bereich, der Ihnen besonders liegt.

2. Lernen Sie tanzen, lernen Sie eine neue Sprache, spielen Sie ein Musikinstrument, machen Sie Denksport, beginnen Sie zu malen. Es gibt Dutzende Sportarten, aus denen Sie wählen können: Segeln, Bergsteigen, Leichtathletik, Kampfkünste, usw. Sie können sogar die Antarktis durchqueren oder den Mount Everest besteigen, wenn Sie Lust auf Abenteuer haben! Wichtig ist nur – egal, wie groß oder klein die Herausforderung ist –, daß Sie dabei Ihr Gehirn anregen. Wenn sich dabei neue gesellschaftliche Kontakte entwickeln und Sie sich neuen Situationen anpassen müssen, um so besser.

Brain Flash

Stimuli gegen die Stagnation

Zur Erforschung der Einflüsse einer anregenden Umgebung auf das Gehirnwachstum ließ Mark Rosenzweig an der kalifornischen Universität in Berkeley junge Ratten in Käfigen voll mit Podesten, Leitern, Rädern, Tunneln und vielen anderen Stimuli aufwachsen. Eine zweite Gruppe wuchs in leeren Käfigen auf. Nach 105 Tagen wurden die Gehirne seziert und es erwies sich, daß die Rattengehirne aus der anregenden Umgebung größer waren als die der Kontrollgruppe. Außerdem enthielten sie 15 % mehr Gliazellen und die Neuronen waren 15 % größer und, was vielleicht noch wichtiger ist, mit sehr viel mehr anderen Neuronen verknüpft. Die Bedeutung dieser guten Nachricht kommt Ihnen inzwischen wahrscheinlich recht bekannt vor.

Kapitel sechs

Die erste Herausforderung

*„Erhabener Fürst, wenn je ein Mensch dem Tod durch Bildung ent-
rinnen könnte, so wäret Ihr dieser Mensch!"*

   Michael Scott, Gelehrter und Astrologe am Hofe Friedrichs II.

Das „Methusalem-Mandat" hat uns gezeigt, daß das Gehirn sich phy-
siologisch ändern kann und „Goethes Herausforderung", daß unser
Streben philosophisch bedeutsam und richtig ist. Dieses Kapitel prä-
sentiert Ihnen ein anregendes Menü an Herausforderungen, mit dem
Zweck, Ihnen bei den ersten Schritten zur Erweiterung Ihrer mentalen
Leistungsfähigkeit zu helfen, so daß die physiologische Komplexität
Ihres Gehirn wächst und sich verfeinert und Sie Goethes Herausfor-
derung annehmen können.

   Wir erläutern nun die zehn Kriterien, die beim Wettbewerb „Brain
of the Year" („Gehirn des Jahres") Auszeichnung gelten und Ihnen als
persönliche Herausforderung und als erster Schritt auf diesem Weg
dienen können. Außerdem schildern wir das Profil einiger inspirie-
render Gewinner dieses Wettbewerbs.

Hohe Ziele und Normen, die Sie sich setzen können

Das dürfte auch für Sie die ultimative Herausforderung sein, nämlich
für die angesehene Auszeichnung der *Brain Trust Charity* als „Brain
of the Year" nominiert zu werden oder sie gar zu gewinnen.

   Der *Brain Trust* widmet sich als wohltätige Organisation der Erforschung der Wahrnehmung, der Bildung und des Gehirns und der
entsprechenden Wissensvermittlung.

   Der Preis wurde bereits an den Weltschachmeister Gary Kasparow
und an Dr. Marion Tinsley, der den *Silicon Graphics Chinook Com-*

puter geschlagen hat, verliehen. Alljährlich wird die Person ausgezeichnet, die folgende Kriterien am besten erfüllt:
  Die Kandidaten müssen:

1. überragende Leistungen in einem selbst gewählten Bereich vollbringen;
2. bereits wesentliche, neue Beiträge in dem gewählten Bereich geleistet haben;
3. sich eindeutig darum bemüht haben, andere in dem gewählten
   Bereich auszubilden;
4. selbst das Prinzip *mens sana in corpore sano* (ein gesunder Geist
   in einem gesunden Körper) anwenden;
5. erwiesenermaßen ausdauernd und beharrlich handeln;
6. nachweislich sozial bewußt sein;
7. ihrer Gesellschaft nachweislich einen Dienst erwiesen haben;
8. sich um die Menschheit kümmern;
9. bestrebt sein, sich aktiv zu äußern und bekannt sein für ihre be-
   geisternde Botschaft;
10. sowohl im gewählten Bereich als auch ganz generell ein gutes
    Vorbild sein.

Diese zehn Kriterien sind eine echte Herausforderung und setzen eine hohe Norm, die Sie auf sich selbst anwenden können und anhand
der Sie Ihre Leistungen und Fortschritte auf dem Gebiet Ihres Le-
benswerkes messen können.
  Zu den Preisträgern gehören u.a.:

Gene Roddenberry (Preisträger 1992)

Mit weit über 50 Jahren war Gene Roddenberry, der Schöpfer von *Star
Trek*, immer noch Ingenieur, ein hoch dekorierter Kriegsheld, Pilot,
sozial außerordentlich aktiv und ein Visionär. In den Anfängen seiner
Laufbahn als Autor war er die kreative und treibende Kraft hinter dem
Kult-Western *Have Gun, Will Travel*, dem ersten Western mit einem
intellektuellen Helden. Roddenberry, der außerdem ein führendes Mitglied der amerikanischen *Humanist Association* war, schuf anschließend *Star Trek*, wobei er enorme Hindernisse überwand und eine Serie ins Fernsehen brachte, die anfangs von allen Seiten belächelt
wurde. Zu den Themen, denen er sich in *Star Trek* widmete, gehörte

Brain Flash

Die erstaunliche Vitalität der ältesten Menschen

Die ältesten unter den alten Menschen sind gesünder als gewöhnliche Alte – und das in mehrerlei Hinsicht. Herzkrankheiten und Schlaganfälle beispielsweise kommen am häufigsten bei Männern zwischen dem 50. und 80. Lebensjahr und bei Frauen etwa zehn Jahre später vor. Wer älter wird und sich jenseits der Gefahrenzone befindet, erkrankt kaum noch daran. Die Alzheimer-Krankheit fordert seine Opfer meist zwischen dem 80. und 90. Lebensjahr. Die Forschung hat ergeben, daß Männer über 90 hinsichtlich ihrer mentalen Fähigkeiten ihren Kollegen in den 80ern meist überlegen sind.

Der Sensenmann selber bremst sich bei den ältesten der Alten anscheinend. Während seine Chancen zwischen dem 50. und 90. Lebensjahr exponentiell steigen, flacht diese Kurve nach dem 90. Geburtstag enorm ab.

Die Vitalität der ältesten Alten ist leicht zu erklären. Genetisch schwächer ausgestattete Menschen sterben früher, und übrig bleibt eine Gruppe gesunder, starker Individuen.

Diese Gruppe kann mit Streß außerordentlich gut umgehen. Ein mäßiger Lebensstil und körperliche Übung sind ebenso wie ein gutes Bildungsniveau besonders hilfreich. Verschiedene Studien belegen, daß Menschen mit einer höheren Bildung im Alter im Schnitt weniger mentale Einbußen hinnehmen müssen.

die Gleichheit der Rassen und des Geschlechts, das Training des Intellekts und Körpers sowie die Bedeutung von Mitgefühl und Liebe.

In Roddenberrys eigenen Worten:

„Anders zu sein, heißt nicht notwendigerweise, daß man häßlich ist; anders zu denken, heißt notwendigerweise, daß man unrecht hat. Das Schlimmste, was uns Menschen geschehen könnte, wäre, daß wir alle gleich aussehen, reden, handeln und denken. Das höchste Maß menschlicher Reife und Weisheit liegt wohl darin, zu erkennen, wie wertvoll es ist, wenn jemand sagt: „Ich bin aus folgenden Gründen nicht deiner Meinung …“

Dominic O'Brien (Kopreisträger 1994)

Der erste Gedächtnisweltmeister hat seinen Rang behalten, seitdem er die Weltmeisterschaft 1991 zum ersten Mal gewann, wobei er gleichzeitig einen neuen Weltrekord festigte, als er ein Kartenspiel mit 52 Karten in nur 2 Minuten und 29 Sekunden auswendig lernte. 1994 verkürzte er diesen Rekord auf 44,78 Sekunden. Er ist zu einem der neuen internationalen „Brain-Stars" geworden und begann seine Laufbahn in diesem Bereich in einem Alter (weit über 30), von dem es generell heißt, die Kreativität befände sich schon geraume Zeit auf dem absteigenden Ast.

O'Brien, der in der Schule relativ erfolglos war, hat sein Leben der Erforschung und Entwicklung des eigenen Gedächtnisses verschrieben und der Ausbildung anderer in dieser Kunst.

Dr. Marion Tinsley (Preisträger 1995)

Dr. Marion Tinsley wurde am 3. Februar 1927 geboren und war über 40 Jahre lang Dameweltmeister. Seine größte Leistung vollbrachte er 1992, als er den *Chinook Computer* in London beim Damespiel schlug. Er starb am 3. April 1995.

In den vier Jahrzehnten, in denen er die Welt des Damespiels beherrschte, nahm er an Tausenden von Turnieren der Spitzenklasse und vielen Einzelspielen bei lokalen, nationalen Wettkämpfen und der Weltmeisterschaft teil. In all den Jahren verlor er lediglich neun Spiele. Der Koautor dieses Buches und Schachgroßmeister, Ray Keene, meint dazu: „Tinsley war nicht nur ein beispielloser Dameweltmeister, sondern er leistete mindestens genausoviel wie die Weltelite des Schachs, einschließlich der Giganten Alekhine, Fischer und Kasparow." Tinsley war ohne Zweifel der größte Denksportmeister aller Zeiten und könnte zurecht beanspruchen, der größte Meister *aller* Sportarten zu sein.

Tinsley wies gerne und genüßlich darauf hin, daß der frühere Weltmeister und sein Mentor, Asa Long, ausgerechnet hatte, daß Tinsley über 100.000 Stunden mit dem Studium des Damespiels zugebracht hatte. Dazu Tinsley: „Diese Tatsache an sich ist bereits eine ausreichende Antwort auf die Frage, ob das Damespiel nicht zu ‚simpel' sei."

Tinsley wurde 1954 erstmals unangefochten Weltmeister. Allerdings sind viele Historiker des Damespiels der Meinung, daß er ihre

Welt zu dieser Zeit eigentlich schon seit sieben Jahre regierte. Er do-
minierte das Spiel in den folgenden 38 Jahren und zwar so vollständig, daß er 1992 im Alter von 65 Jahren keine passenden Gegner mehr
fand und deshalb beschloß, sich zurückzuziehen. In Würdigung seiner
Größe erhielt er den Titel „Emeritierter Weltmeister".

Tinsleys Rückzug wurde von einem ungewöhnlich brillanten, neu-
en Spieler „gestört", der eine Bresche in die Welt des Damespiels
schlug und in kürzester Zeit die Weltspitze erlangte. Dieses neue Genie faszinierte Tinsley derart, daß er einen Wettkampf um den Weltmeistertitel akzeptierte und damit eine neue Ära einläutete.

Denn das Gehirn des neuen Spielers bestand aus Silikon. Es handelte sich um einen *Silicon Graphics Computer* namens *Chinook*, programmiert von Professor Jonathan Schaeffer von der kanadischen
Edmonton Universität. *Chinook* konnte die unglaubliche Zahl von
dreimillionen Zügen pro Minute durchrechnen und hatte 18 Billionen
Positionen in seiner Datenbank gespeichert, einschließlich Tinsleys
besten Spielen. Vor dem Spiel waren die meisten Denksportler und
Beobachter außerordentlich nervös und besorgt, daß das „Silikonge-
hirn" das menschliche bei weitem übertreffen würde.

Tinsley hingegen war ruhig und ausgeglichen wie immer und fand
die Aufregung amüsant. Von der Presse befragt, ob er von seinem ausgezeichneten Gegner denn nicht beeindruckt sei, meinte Tinsley, er be-
trachte ihn wie einen graduierten Studenten: „Ziemlich klug, sehr en-
gagiert, gewillt, die ganze Nacht hindurch zu arbeiten, wenn ich schon
schlafe – aber *denken,* das kann er noch nicht." Er erklärte, daß er
außerordentlich zuversichtlich sei: „Denn obwohl Professor Schaeffer
und sein Team wirklich brillante Programmierer sind, so hatte ich
doch einen weit besseren Programmierer – sein Name lautet Gott."

Auf einem nie zuvor dagewesenen Spielniveau agierend, überwand
Tinsley, damals 66 Jahre alt, langsam den Widerstand des Elektro-
nengehirns. Er gewann das 39. Spiel, nachdem er zwei Wochen lang
täglich vier Spiele spielte, die bis zu zwölf Stunden dauerten – eine
fast übermenschliche Leistung. Damit zeigte Tinsley seine außergewöhnliche Willenskraft und Ausdauer und belegte außerdem seine
Überzeugung, daß das menschliche Gehirn im zunehmenden Alter
immer leistungsstärker wird, insbesondere, wenn man es gut nutzt.

Als der Computer sich geschlagen gab, erhob Tinsley sich aus seinem Stuhl und rief: „Das ist ein Sieg für das menschliche Gehirn."

Das größte Kompliment seines Lebens erhielt Dr. Tinsley wahrscheinlich von Professor Schaeffer und dem Verband der Damegroß-

meister. Bei der Analyse der Spiele von *Chinook* gegen Tinsley zogen sie den eindeutigen Schluß, daß, würde man nicht wissen, wer der Computer und wer der Mensch war, die Vollkommenheit der Spielführung Tinsleys den fachmännischen Beobachter dazu verleiten würde, die Spielführung des Computers für die menschliche und Tinsleys Spiel für das Produkt einer perfekten Intelligenz zu halten.

In der Folge seiner präzedenzlosen mentalen Leistungen wurde Tinsley für die „Brain-of-The-Year"-Auszeichnung nominiert. Sie wurde ihm posthum beim *Festival of the Mind* am 21. April 1995 in der *Royal Albert Hall* zuerkannt.

Welche Schritte sollte ich nun unternehmen?

Sie könnten beschließen, sich für die „Brain-of-The-Year"-Auszeichnung zu bewerben, oder auch nicht. Egal, wie Sie sich entscheiden, sie können anhand der zehn in diesem Kapitel erläuterten Kriterien und Herausforderungen ihr eigenes Programm klar formulieren und dessen Ziele und Phasen klar definieren. Damit erzielen Sie eine dauerhafte Steigerung Ihrer Leistungen. Gehen Sie die Herausforderungen der Reihe nach oder alle auf einmal an.

Das nächste Kapitel konfrontiert uns mit einer der größten Herausforderungen überhaupt, nämlich der generell anerkannten Überzeugung, daß unsere Sexualität mit zunehmenden Alter immer weiter gegen Null tendiert.

Brain Flash

Hohes Alter in Georgien: eine Legende

Bisher hörte man immer wieder, daß die Republik Georgien in der ehemaligen UdSSR ein Hort gerontologischer Spitzenleistungen sei. Wie sich nun herausstellt, handelte es sich dabei um sowjetische Propaganda!

Die sowjetische Nomenklatura hielt es für nötig, Stalin möglichst viele 100jährige aus dem Land seiner Herkunft zu präsentieren und damit auch seine Angst vor dem Tod zu besänftigen. Allerdings fiel Skeptikern schon seinerzeit auf, daß die durchschnittliche Lebenserwartung in Georgien niedriger war als in der Sowjetunion insgesamt. Nach Stalins Tod reduzierte sich die Zahl der 100jährigen in Georgien auf einige wenige."

Kapitel sieben

Alter und Sexualität

„Schenke mir Keuschheit und Enthaltsamkeit, aber bitte noch nicht sofort."

Augustinus

Sind wir im Alter sexuell weniger aktiv, oder macht Sex mehr Spaß, wenn wir 70 sind? In diesem Kapitel befassen wir uns mit dem Mißverständnis, daß unsere sexuelle Aktivität im Laufe der Zeit immer mehr nachläßt. Sex ist eine körperliche und mentale Angelegenheit und Liebe eine wesentliche Nahrung für das Gehirn. Wenn Sie aktiv, wach und neugierig auf das Leben sind und bleiben, gibt es keinen Grund anzunehmen, Ihre Sexualität sei auf Dauer dem Untergang geweiht – im Gegenteil: sie kann eine Quelle beständig wachsenden Vergnügens sein!

Sex und Lust: eine Geschichte

In einem Altenheim für über 80jährige im kanadischen Vancouver hatte sowohl die Leitung als auch die Schwestern mit einem 92jährigen Bewohner besonders große Probleme. Er war ein wohlhabender Mann und hatte eine eigene Privatsuite.

Er war der Inbegriff eines mißmutigen Greises: gehässig, störrisch, reizbar, schwierig, ausfallend, andauernd unzufrieden; und wenn er seinen Ärger oder seine Unzufriedenheit nicht gerade an den Schwestern oder anderen Altersheimbewohnern ausließ, dann war er nicht ansprechbar. Während der Besuchszeiten war sein Verhalten besonders unausstehlich, da er als einziger Bewohner meist keinen Besuch von Freunden oder Verwandten erhielt.

Eines Tages fragte er eine der wenigen Schwestern, mit denen er überhaupt sprach, ob er eine junge Nichte empfangen könne. Natürlich erlaubte sie ihm das, und am nächsten Besuchstag (der zunächst einmal wöchentlich stattfand) besuchte ihn eine lebenslustige, attraktive junge Frau. Nach dem Besuch seiner Nichte hob sich die Stimmung des alten Herren erheblich, und es wurden Maßnahmen getroffen, damit seine Nichte ihn dreimal wöchentlich besuchen konnte. Ihr entschiedenes, kluges und freundliches Auftreten animierte sowohl die Mitarbeiter als auch die anderen Bewohner und ihre Besuche während der nächsten sechs Monate verwandelten die Atmosphäre im Altenheim beträchtlich.

Insbesondere das Verhalten des „Onkels" schlug sich ins Gegenteil um. Offensichtlich inspiriert von der Zuneigung eines engagierten Familienmitgliedes und stimuliert durch ihre lebendige Persönlichkeit, wurde er zu einem sehr geselligen Mann; er redete mit Mitarbeitern wie Bewohnern und trieb sogar Scherze mit ihnen, war körperlich und mental bedeutend aktiver, und es machte Spaß, mit ihm zusammen zu sein.

Diese glückliche Idylle fand ein jähes Ende als jemand hinter die „schreckliche Wahrheit" kam: Die „Nichte" war eine erstklassige Prostituierte, und der 92jährige führte keine inspirierenden Unterhaltungen, sondern verbrachte statt dessen leidenschaftliche Stunden im Bett mit ihr!

Man reagierte sofort und dramatisch auf diese Entdeckung. Der Mann wurde privat und öffentlich als „schmutziger alter Bock" angeprangert, seine „Nichte" wurde für immer aus dem Heim verbannt, und er wurde förmlich von allen Leuten isoliert.

Wie zu erwarten war, kehrte seine Gehässigkeit verstärkt zurück, und er fühlte sich den Rest seines kurzen Lebens (das weit kürzer war, als es hätte sein müssen) ziemlich elend, auch wenn er sich nach außen hin trotzig gab.

Sexuelle Wahrnehmung und sexuelle Realität

Die oben skizzierte Geschichte wirft nicht nur moralische Fragen auf, sondern auch einige faszinierende und eindringliche:

1. Weshalb ist die Einstellung so weit verbreitet, sexuelles Interesse sei in zunehmendem Alter schmutzig?
2. Ist es natürlich, daß Männer und Frauen auch in hohem Alter noch sexuelle Lust verspüren?

3. Nach welchem Muster entwickeln sich die sexuellen Verhaltensweisen im Laufe eines Lebens?

Tony Buzan hat in den letzten zehn Jahren die öffentlichen Vermu-
tungen bezüglich sexueller Aktivität erforscht. Wenn Sie Lust haben,
dann machen Sie doch folgenden Test:

Auf der unten stehenden Tabelle stufen Sie mit 1 bis 10 die Jahr-
zehnte so ein, daß Sie dem sexuell aktivsten Dekade die 1 zuordnen,
der zweitaktivsten die 2 und so weiter bis zur 10 für die sexuell am we-
nigsten aktive Dekade.

Vergleichen Sie anschließend Ihre Einstufung mit den Forschungs-
resultaten von Tony Buzan. Diese wurden in über 50 Ländern in Europa, dem Mittleren Osten, Australasien und Nord- und Südamerika
durchgeführt. Die Ergebnisse (siehe nächste Seite) unterscheiden sich
trotz kultureller Unterschiede erstaunlich wenig.

Es handelt sich hier natürlich um eine ganz allgemeine Bewer-
tungsskala, obwohl praktisch alle Menschen weltweit annehmen, daß
es ab dem 60. – manche meinen sogar schon ab dem 50. – Lebensjahr
kaum noch sexuelle Aktivitäten oder Triebe gäbe. Wie lauten jedoch
die Fakten?

Dekade	Einstufung sexueller Aktivitäten
0–10	
10–20	
20–30	
30–40	
40–50	
50–60	
60–70	
70–80	
80–90	
90–100	

Dekade	Einstufung sexueller Aktivitäten
0–10	5
10–20	2
20–30	1
30–40	3
40–50	4
50–60	6
60–70	7
70–80	8
80–90	9
90–100	10

Die Tabelle zeigt die durchschnittliche Einstufung sexueller Aktivität in den verschiedenen Jahrzehnten.

Sexuelle Fakten/Trends

Trotz Freuds vorgeblicher „Befreiung der Libido" war die erste Hälfte unseres Jahrhunderts ganz eindeutig nicht frei, sofern es die Einstellung zur Sexualität betraf. So war es beispielsweise eine erstaunliche Offenbarung für die meisten, als die Studien von Masters und Johnson ergaben, daß Menschen über 40 ein aktives Sexualleben führen.

Zahllose Studien, einschließlich späterer Berichte von Masters und Johnson und der *Shere Hite Report* – um nur die aufsehenerregendsten zu nennen – belegen inzwischen, daß die Wirklichkeit ganz anders aussieht, als die Annahmen vermuten ließen.

Es gibt immer mehr Belege dafür, daß die sexuelle Aktivität zwischen willigen Menschen sehr wahrscheinlich so einzuordnen ist, wie in der Tabelle auf Seite 94 abgebildet.

„Das ist unmöglich!" behaupten Sie vielleicht: „60- bis 70jährige sind unmöglich die Nummer 1 in sexueller Aktivität!" Und tatsächlich reagierten die Zuhörer, als wir diese Zahlen in Seminaren erstmals zu-

Dekade	Einstufung sexueller Aktivitäten
0–10	10
10–20	5
20–30	3
30–40	4
40–50	6
50–60	2
60–70	1
70–80	7
80–90	8
90–100	9

Diese Tabelle zeigt die REALE Rangordnung sexueller Aktivität in den verschiedenen Jahrzehnten.

gänglich machten, nicht nur ungläubig, sondern oft auch ziemlich empört.

Klopfen wir hingegen das gewöhnliche, alltägliche Leben einmal auf diese Tatsachen hin ab, dann werden die populären Annahmen immer fragwürdiger und die neuen Forschungsresultate werden verständlich und erscheinen vernünftig.

Sexuelle Aktivität: Ein neues Bild

2. Dekade: 20 bis 30 Jahre (allgemeine Mutmaßung)

„Das ist sicherlich die sexuell aktivste Zeit, oder?" – Mit Sicherheit nicht „sicherlich".

Denken Sie einmal an den ganz normalen Alltag durchschnittlicher Menschen zwischen dem 20. und 30. Lebensjahr. Im Schnitt heiraten Menschen, wenn sie 19 oder 20 Jahre alt sind. Im ersten Ehejahr, wenn man gewöhnlich sexuell ziemlich aktiv ist, muß man eine Arbeitsstelle finden, sich aneinander gewöhnen und eine Wohnung mieten oder kaufen.

Im zweiten Jahr (die Eheleute sind nun 21!) wird dieses „durchschnittliche" Ehepaar das erste Kind bekommen. Der Arbeitsdruck und die Rechnungen nehmen zu, und gegen Jahresende ist die Frau meist wieder schwanger. Im nächsten Jahr wird das zweite Kind geboren. Wenn es je ein wirksames Verhütungsmittel gab, dann sind es zwei Babys.

Im restlichen Jahrzehnt müssen Mutter und Vater den zunehmenden Bedürfnissen einer heranwachsenden Kleinfamilie gerecht werden und den wachsenden Forderungen an all ihre Ressourcen – insbesondere Geld und Zeit – nachkommen.

Es ist eher unwahrscheinlich, daß dieses Jahrzehnt sexuell so aktiv ist, wie allgemein angenommen wird.

1. Dekade: 10 bis 20 Jahre

In diesem Abschnitt ist die sexuelle Aktivität bedeutend geringer, als im allgemeinen angenommen wird. Bei den meisten Kindern vor und in der Anfangszeit ihrer Pubertät setzt sich das Verhalten der ersten zehn Lebensjahre fort. Obwohl sie sich gedanklich sicherlich in steigendem Maße mit diesem Thema befassen, werden sie nur in seltenen Fällen auch tatsächlich sexuell aktiv. Das hat folgende Gründe:

- Die meisten Kontakte finden noch in der „Öffentlichkeit" statt.
- Die Angst vor dem Unbekannten (Schwangerschaft, Krankheiten, schlechter Ruf, etc.) verhindert sexuelle Aktivität.
- Die sexuelle Unkenntnis führt meist zu sehr kurzen Kontakten.
- Die gemischten Gefühle der Pubertät führen leicht zu verletzten Gefühlen und in der Folge zu langen Zeiten der Enthaltsamkeit.
- In vielen Gesellschaften und Religionen wird der sexuelle Kontakt zwischen Minderjährigen bewußt verhindert.

3. Dekade: 30 bis 40 Jahre

In dieser Dekade wachsen die Anforderungen weiter, auch die an Zeit und Geld. Und die Kinder kommen in die Pubertät! In dieser Phase sind Eltern ähnlich beschäftigt wie Amseln in der zweiten Hälfte des

Frühlings: Sie verbringen den ganzen Tag damit, Nahrung für die stets hungrigen Jungen zu suchen und ins Nest zu transportieren. Am Abend haben die Eltern oft kaum noch genügend Energie, ins Bett zu kriechen, geschweige denn dort noch aktiv zu werden!

Keine besonders aktive sexuelle Dekade.

4. Dekade: 40 bis 50 Jahre

Diese Dekade ist, wie viele Menschen in den Untersuchungen richtig feststellten, noch bedeutend weniger aktiv als die vorangegangene. Das liegt jedoch keineswegs an irgendeiner entwicklungsgeschichtlichen Vorgabe, sondern vielmehr am Mangel an Gelegenheiten und an der Tatsache, daß man in anderen Bereichen sehr aktiv ist.

In diesem Jahrzehnt steigt der Arbeitsdruck leicht ins unermeßliche beziehungsweise verursacht sehr viel Streß. Wer seine Karriere weiter vorantreibt, muß oft zwischen 14 und 16 Stunden täglich, an sieben Tagen in der Woche, arbeiten und manchmal sogar seinen Urlaub opfern.

Ist die Karriere ungewollt zu Ende oder kommt man nicht mehr weiter, dann ist man oft unmotiviert, desillusioniert und lustlos, was einem wiederum Kreativität, Inspiration und sexuelle Energie raubt.

Außerdem sind die Kinder häufig noch zu Hause, entweder weil sie jetzt studieren und damit weitere finanzielle Verpflichtungen und emotionalen Druck auf ihre Eltern ausüben, oder weil sie klebenbleiben, um sich die finanzielle Bürde zu ersparen, auf eigene Kosten eine Wohnung zu mieten.

5. Dekade: 0 bis 10 Jahre

Hier gibt es kaum sexuelle Aktivitäten. Das liegt offensichtlich daran, daß die sexuelle Biochemie noch nicht entwickelt ist, und außerdem findet der meiste Kontakt öffentlich statt. Außerdem ermutigt kaum eine Gesellschaft zu solch einem Verhalten.

Sexuelle Flaute?

6. Dekade: 50 bis 60 Jahre

In den 50ern wird der Wendepunkt des „sexuellen Abstiegs" erreicht. Weil immer mehr Betriebe den Vorruhestand auf 55 Jahre herabgesetzt haben, ist es nicht ungewöhnlich, in diesem Alter bereits in Rente zu gehen. Wie ein Langstreckenläufer, der einen neuen Schub verspürt, wenn die Ziellinie in Sicht ist, so bekommt jemand, der 30 Jahre lang gearbeitet hat, oft neuen Auftrieb, weil die Freiheit immer näher rückt.

Wenn man in diesem Alter in Rente geht, hat man plötzlich eine Menge neuer Möglichkeiten. Die nun folgende Geschichte illustriert das ganz ausgezeichnet.

Ein Ehepaar, das mit Anfang 20 im Hafen der Ehe gelandet war, hatte mit Herz und Seele die Familie ernährt, wobei beide Partner noch zusätzliche Arbeit angenommen hatten, um ihr Grundeinkommen aufzubessern. Sie hatten gemeinsam vier Kinder erzogen, die jeweils zwei Jahre nacheinander geboren waren. Die Eltern hatten all ihren Kindern eine universitäre Ausbildung ermöglicht.

Ihre Jüngste stand vor dem letzten Studienjahr und wollte danach ins Ausland gehen, um dort zu arbeiten und Erfahrungen zu sammeln. Wegen der emotionalen Bedeutung dieses letzten Abschieds aus dem Familiennest fuhren die Eltern die junge Frau viele hundert Kilometer zur Universität und setzten für die Rückreise mehrere Tage an.

Als sie gerade die Ausfahrt der Universität hinunterfuhren, wandte die Frau sich ihrem Mann zu und sagte: „Willkommen auf der Hochzeitsreise nach Hause."

Wie ihr Sexualleben vor und nach dieser Zeitenwende aussah, überlassen wir gerne Ihrer Phantasie.

7. Dekade: 60 bis 70 Jahre

Die neue Nummer eins!
Weshalb? Weil in unserer modernen Gesellschaft abermillionen Menschen in diesem Alter sowohl körperlich als auch geistig noch außerordentlich fit und außerdem wohlhabend, neugierig und bereit sind, sich auf eine zweite Kindheit – im besten Sinne des Wortes – einzulassen.

Eine bemerkenswerte Geschichte in dieser Hinsicht handelt von einer
Engländerin in diesem Alter, deren Mann kurz nach seinem 60. Geburtstag gestorben war. Nachdem sie einige Jahre getrauert hatte,
fragte sie ihre Kinder, ob sie es für angebracht hielten, wenn sie sich
einen Freund suchen würde. Sie erklärte ihnen, daß ihr Vater ihr einziger Liebhaber in ihrem Leben gewesen sei und daß sie ihre Sexualität so erforschen wolle, wie es die jungen Frauen heutzutage machten. Ihre Kinder unterstützten sie in dieser Hinsicht, aber die folgenden Ereignisse sollten auch sie gehörig in Staunen versetzen.

Innerhalb von drei kurzen Jahren hatte die Frau Affären mit einem
50jährigen Ungarn, einem 33jährigen Italiener, einem 62jährigen
Engländer, einem 24jährigen amerikanischen Rugbyspieler – und das
sind noch lange nicht alle!

Als sie ihren „neuen Freund" mit nach Hause brachte, um ihn der
Familie vorzustellen, verkehrten sich die normalen Rollen fast in ihr
Gegenteil, als die Kinder das leidenschaftliche Pärchen daran erinnern
mußten, sich in der Öffentlichkeit ein wenig zurückzuhalten und nicht
andauernd vor aller Augen zu knutschen.

In dieser Dekade ist es oft möglich, lebenslang erträumte Dinge zu
tun: Man kann nun endlich die intime Beziehung zu dem Menschen
erforschen, mit dem man bisher vor allem ein sehr „öffentliches" Fa-
milienleben geführt hat; oder man hat nun die Chance, in einer Beziehung zu einem „neuen Lebensgefährten" vieles zu erforschen, was
einem früher verschlossen war. Eine weitere entzückende Geschichte
kann diese Tatsache veranschaulichen.

Mitte der 80er Jahre behandelte Tony Buzan in einem seiner Se-
minare genau diesen Punkt der sexuellen Aktivität in den verschiedenen Dekaden. In der Mittagspause eilte eine wundervolle 65jährige
Frau ans Podium, ergriff seine Hand und sagte mit leuchtenden Augen: „Vielen, vielen Dank! Jetzt kann ich nach Hause gehen und meinem Liebhaber sagen, daß wir nicht verrückt sind!"

Zu alledem kommt noch hinzu, daß man in diesem Alter sexuell
sehr viel erfahrener, einfühlsamer und bewußter ist. Das bedeutet
auch, daß man sich der Liebe viel gemächlicher, neugieriger, interes-
sierter, experimenteller und romantischer widmen kann als in der von
körperlichen Notwendigkeiten so getriebenen Jugend.

8. Dekade: 70 bis 80 Jahre

Im Gegensatz zum Stereotyp sind 70- bis 80jährige häufig noch außerordentlich vital, voller Energie und begeisterungsfähig. Während Sie diese Zeilen lesen, besteigen gerade viele Menschen in diesem Alter Berge, machen einen Marathonlauf, bereiten sich auf die Veteranenolympiade vor oder lieben sich leidenschaftlich!

Zusätzlich zu ihrem großen Erfahrungsschatz haben Menschen in diesem Alter oft viel Geld. Wirtschaftswissenschaftler schätzen, daß 70 % des weltweiten Wohlstands in den Händen dieser Gruppe liegt.

Da sie körperlich wie geistig noch vital sind – und dank des enormen Reichtums, der ihnen zur Verfügung steht – ist diese Altersgruppe – immer noch voller sexueller Energie und sehr aktiv.

9. Dekade: 80 bis 90 Jahre

Diese Altersgruppe wurde bisher noch wenig erforscht. Erste Berichte deuten jedoch darauf hin, daß sich zwischen den 70ern und 80ern nicht viel ändert, weder was die sexuelle Lust noch was die entsprechende Aktivität betrifft.

Mae West beispielsweise hielt sich eine ganze Reihe von Liebhabern, um ihre ungebremsten sexuellen Gelüste in ihren späteren Jahren zu befriedigen. Sie meinte, daß ihre Geliebten sie fit hielten, glücklich machten, stimulierten und befriedigten; ihre einzige Beschwerde lautete, daß die jüngeren unter ihnen nicht genügend Ausdauer hätten.

Dieser Bereich ist reif für weitere Forschung, und die Autoren möchten den Leser ermutigen, diesen Bereich näher zu untersuchen. Schicken Sie uns Ihre Geschichten!

10. Dekade: 90 bis 100 Jahre

Es gibt viele Geschichten, wie die, mit der wir dieses Kapitel eröffneten – über 90jährige, die sexuell immer noch außerordentlich aktiv sind. Der große spanische Maler Pablo Picasso war bekannt dafür, daß er in seinen 80ern und 90ern auf der Suche nach jungen Geliebten immer noch die Umgebung seiner Studios unsicher machte.

Anscheinend brennen die Zwillingsflammen des menschlichen Geistes und der Sexualität das ganze Leben hindurch, und der romantische Impuls nimmt in späteren Jahren sogar noch zu. Diese Flammen brennen in jedem Menschen, und wir sollten sie sowohl bei uns selbst als auch bei anderen hegen und pflegen.

Spott und Vorurteile

Wie kommt es aber, wenn die Fakten so offensichtlich, vernünftig und zudem natürlich sind, daß wir es alle so fürchterlich falsch sehen? Die Antwort liegt wohl in der Tatsache, daß die meisten modernen Gesellschaften Kinder in dem falschen Glauben erzogen haben, daß das Körperliche irgendwie schmutzig oder verdorben ist, daß Sex „anstößig" ist und daß diese Funktion nach der Geburt von Kindern eigentlich obsolet ist.

Die Ironie der Geschichte ist, daß Kinder mit dem Gedanken aufwachsen, ihre Eltern seien asexuelle Wesen, und sie können sich kaum vorstellen, daß ihre Mutter und ihr Vater einst jene Sache getan haben, die zu ihrer Geburt geführt hat. Diese Überzeugung erhält sich und wird zur sich selbst erfüllenden Prophezeiung, die die Kluft zwischen den Generationen überbrückt und sich so auch in die Zukunft fortsetzt.

Dieses Buch, und insbesondere dieses Kapitel, ist auch als Medizin gegen diese weltweite Geisteskrankheit gedacht.

Liebe: Nahrung für das Gehirn

Daß wir ein Leben lang sexuell aktive Wesen sind, wird auch von neueren Erkenntnissen aus den Bereichen der Ernährungs- und Gehirnforschung unterstützt.

Das Gehirn braucht gemäß dieser Erkenntnisse viererlei Lebensmittel:

1. Sauerstoff,
2. natürliche Nährstoffe,
3. Information,
4. Liebe.

Wir wissen alle, daß das Gehirn genügend physische Nahrung braucht, so daß Sauerstoff und natürliche Nährstoffe auf der Hand liegen. Oftmals ist uns allerdings nicht bewußt, daß auch Information und Liebe eine Voraussetzung für ein gesundes und aktives Gehirn sind. *Ohne diese essentiellen Elemente läßt die Leistung des Gehirns nach und es stirbt ab.*

Ein einfaches Gedankenexperiment dürfte Sie von der Bedeutung eines wesentlichen Elements – der Liebe – überzeugen. Denken Sie einmal über die verheerenden körperlichen Folgen nach, die Sie erfahren würden oder erfahren haben, als der Mensch, den Sie wirklich liebten, Sie mit ein paar sorgfältig gewählten Worten davon überzeugte, daß er Sie nicht nur nicht mehr liebt, sondern daß Sie ihm völlig egal sind! Unser Gehirn braucht Liebe und die körperlichen Berührungen und Streicheleinheiten, die damit einhergehen.

Brain Flash

Schlanke Kaninchen

Ein amüsantes Ereignis bei der Erforschung der Wirkung von Cholesterin bestätigt das Liebesbedürfnis des Gehirns. Der amerikanische Ernährungswissenschaftler William Glaser fütterte seine Kaninchen mit besonders cholesterinhaltigem Futter. Mit dieser Forschungsreihe wollte er herausfinden, welche Cholesterinmengen gesund und welche schädlich sind beziehungsweise ab welchen Mengen das Körpergewicht zu sehr ansteigt.

Die Kaninchen befanden sich in mehreren Gemeinschaftskäfigen und erhielten, nachdem sie anfangs verschiedene Futtermittel bekommen hatten, alle das gleiche, extrem cholesterinhaltige Futter. Alle anderen Variablen blieben konstant, und man nahm an, daß die Kaninchen alle gleich reagieren würden.

Das war auch so – abgesehen von den Kaninchen in einem bestimmten Käfig. Diese hatten zwar genau die gleichen Gene wie die Kaninchen der anderen Käfige, aber aus einem unerfindlichen Grund blieben sie schlank und gesund, während die anderen alle wie erwartet zunahmen. Glaser und seine Kollegen führten eine gründliche Analyse durch, verglichen Blutproben, überprüften die genetische Gleichwertigkeit, analysierten das Material der Käfige.

Es zeigte sich, daß alle Kaninchen unter den gleichen Bedingungen lebten und daß auch die Futtermittel alle gleich waren. So sehr sie auch forschten, sie konnten keine Unterschiede entdecken.

Etwa eine Woche nach dieser Analyse – die schlanken Kaninchen blieben entgegen aller Erwartungen bei einem derart cholesterinhaltigen Futter auch weiterhin schlank – kam einer der Forscher eines Abends zufällig am Labor vorbei und sah Licht. Als er der Sache nachging, fand er eine der nächtlichen Forscherinnen vor, die eines der „abweichenden“ Kaninchen auf dem Schoß hatte und streichelte. Als er sie fragte, weshalb sie das mache, antwortete sie, daß es nachts oft ziemlich langweilig sei und daß sie, als leidenschaftliche Tierliebhaberin mit einem besonderen Faible für Kaninchen, häufiger einmal eine Pause machen würde und ins Labor ginge, um ein Kaninchen aus diesem Käfig zu nehmen, zu dem sie sich aus unerfindlichen Gründen hingezogen fühlte, um es fünf oder zehn Minuten zu streicheln und mit ihm zu spielen. Die Forschungsreihe führte zu einem Resultat, das niemand geplant oder erwartet hatte. Wie Dr. Glaser es kurz und bündig im Forschungsbericht ausdrückte: „Iß, was du willst, aber gib dir täglich eine Dosis Liebe.“

Körperliche Gesundheit

Die Medizin beweist fast täglich, daß der menschliche Körper durchaus fit und kräftig ein zweites Jahrhundert angehen kann, sofern er entsprechend trainiert ist. Das weltweite Mißverständnis, daß unser Körper ab Ende 20 unvermeidlich abbaut, landet auf dem Abfallhaufen der Geschichte.

Ein guttrainierter Körper enthält einen halben Liter Blut mehr als ein untrainierter, wobei das Blut die Organe, und insbesondere das Gehirn und die Genitalien, mit Sauerstoff beliefert. Mit einem kräftigeren Herz, das langsam und rhythmisch schlägt, wird der Streß reduziert, das Selbstvertrauen nimmt zu, alle Organe können effektiver funktionieren, das Krankheitsrisiko nimmt ab, das Muskelgewebe ist straffer, die allgemeine Wachsamkeit und das Energieniveau steigen, und die Ausdauer – körperlich, geistig und sexuell – wächst.

Das ganze Leben lang – besonders, wenn man ein langes und befriedigendes Sexleben haben möchte – sollte man folgende drei Formen des Körpertrainings etwa dreimal wöchentlich 20 Minuten lang ausüben:

1. Aerobic

Aerobisches Training ist gut für Herz und Kreislauf – Ihr Herz schlägt dabei zwischen 110 und 150mal pro Minute. Man bleibt am besten in Form mit Schwimmen, aerobischen Trainingsgeräten, Fahrradfahren, Rudern, Tanzen, Laufen, schnellen Spaziergängen und intensiven Bettgeschichten.

2. Flexibilität

Man kann sein Leben lang die körperliche Geschmeidigkeit eines Kindes bewahren. Tony Buzans 91jähriger Nachbar, Tom Benning, der den größten Teil seines Lebens eine große Farm führte, kann – mit einem Augenzwinkern – die Knie durchstrecken, seine Hände hochnehmen und sie dann ohne weiteres flach auf den Boden bringen.

3. Kraft

Auch die Muskelkraft kann uns ein Leben lang erhalten bleiben, und es gibt ganz ausgezeichnete Trainingsmethoden, dafür zu sorgen; u.a.: Gewichtheben, Rudern, Schwimmen und Laufen, gymnastischer Tanz, isometrisches Training und die eher athletischen Formen der Sexualität.

Brain Flash

Möge Ihr Körper flexibel sein

Ausgezeichnete Übungen, die den Körper lebenslang geschmeidig halten, sind u.a.: Yoga, Dehnübungen, die japanische Kampfkunst Aikido und das chinesische Tai Chi, Schwimmen, Gymnastik, Tanzen, entspannter und kreativer Sex. Die indische Bibel von der Kunst und Wissenschaft der Liebe und Sexualität, das Kamasutra, ist ein ausgezeichnetes Handbuch.

Ein Körper mit einer gesunden und vitalen Ausstrahlung vermittelt unzählige sexuelle und andere Botschaften. Außerdem ist Ihr Körper ein weit komplexeres und wertvolleres Instrument, als Sie vielleicht gedacht haben. Die weiter unten aufgelisteten Informationen zeigen, wie erstaunlich der menschliche Körper eigentlich ist und wie wesentlich es ist, ihn fit zu halten – und obendrein können Sie den Ausführungen entnehmen, wie sehr Sie bei der Erforschung einer liebevollen und sexuellen Beziehung ein wahres Wunderwerk erforschen.

Die Wunder des menschlichen Körpers

Wenn Sie sich Ihr ganzes Leben lang weiterentwickeln, was entwickeln Sie dann eigentlich?

Führen Sie sich einmal folgende erstaunliche Tatsachen über den durchschnittlichen Körper – wie Ihren beispielsweise! – vor Augen:

1. Jeder Mensch entstammt einer Samenzelle, von denen der Vater 400 Millionen produziert, und einer Eizelle der Mutter. Die Eizellen sind so klein, daß zwei Millionen davon in das Hütchen einer Eichel passen.

2. Aus jeder Kombination von Samen- und Eizelle könnten 300.000.000.000.000 Milliarden verschiedene Menschen entstehen, die jeweils vollkommen einzigartig sind.

3. Das menschliche Auge enthält über 130 Millionen Lichtrezeptoren.

4. Das menschliche Ohr enthält 30.000 bis 40.000 Nervenfasern, die eine riesige Bandbreite subtiler Unterschiede in den molekularen Luftschwingungen (Töne) übertragen können.

5. 200 präzise geformte Knochen, 500 ausgezeichnet zusammenwirkende Muskeln und 11 Kilometer Nervenfasern gewährleisten die Beweglichkeit, Mobilität und Umweltwahrnehmung des Körpers.

6. Das Herz schlägt 36.000.000mal jährlich und pumpt dabei 2.725.000 Liter Blut durch insgesamt 95.000 Kilometer Blutgefäße.

7. Die Lungen bestehen aus über 600.000.000 luftempfindlichen Bläschen.

8. Das Blut enthält 22 Trillionen Blutzellen. Jede Blutzelle wiederum besteht aus Abermillionen von Molekülen und in jedem Molekül schwingt ein Atom über zehnmillionenmal pro Sekunde.

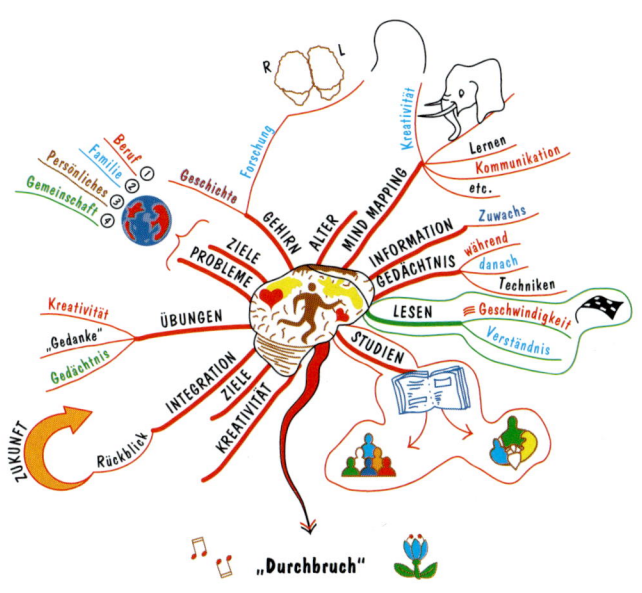

R L

Forschung Kreativität

Geschichte Lernen
Beruf Kommunikation
Familie etc.
Persönliches
Gemeinschaft

GEHIRN ALTER MIND MAPPING

ZIELE INFORMATION Zuwachs
PROBLEME GEDÄCHTNIS während
danach
Technik

Kreativität ÜBUNGEN LESEN Geschwindigkeit
„Gedanke" Verständnis
Gedächtnis STUDIEN

INTEGRATION ZIELE

ZUKUNFT KREATIVITÄT

Rückblick

„Durchbruch"

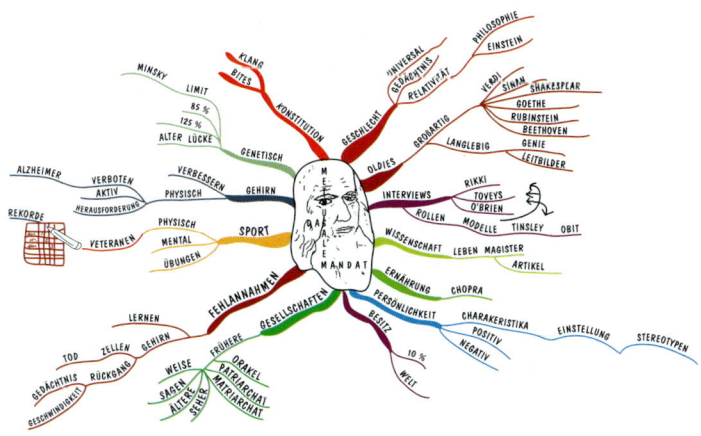

KLANG „UNIVERSAL PHILOSOPHIE
MINSKY BITES GEDÄCHTNIS" EINSTEIN
LIMIT RELATIVITÄT
85 % KONSTITUTION GESCHLECHT VERDI SINAN SHAKESPEAR
125 % GROSSARTIG GOETHE
ALTER LÜCKE RUBINSTEIN
GENETISCH LANGLEBIG BEETHOVEN
GENIE
OLDIES LEITBILDER

ALZHEIMER VERBOTEN VERBESSERN
AKTIV PHYSISCH GEHIRN INTERVIEWS RIKKI
HERAUSFORDERUNG TOVEYS
REKORDE PHYSISCH O'BRIEN
VETERANEN MENTAL SPORT POLLEN MODELLE TINSLEY OBIT
ÜBUNGEN WISSENSCHAFT LEBEN MAGISTER
MANDAT ARTIKEL
ERNÄHRUNG CHOPRA
FEHLANNAHMEN PERSÖNLICHKEIT
LERNEN GESELLSCHAFTEN CHARAKERISTIKA
BESITZ POSITIV EINSTELLUNG STEREOTYPEN
TOD ZELLEN GEHIRN NEGATIV
GEDÄCHTNIS RÜCKGANG FRÜHERE ORAKEL 10 %
GESCHWINDIGKEIT WEISE PATRIARCHAL WELT
SAGEN ÄLTERE MATRIARCHAL
SEHER

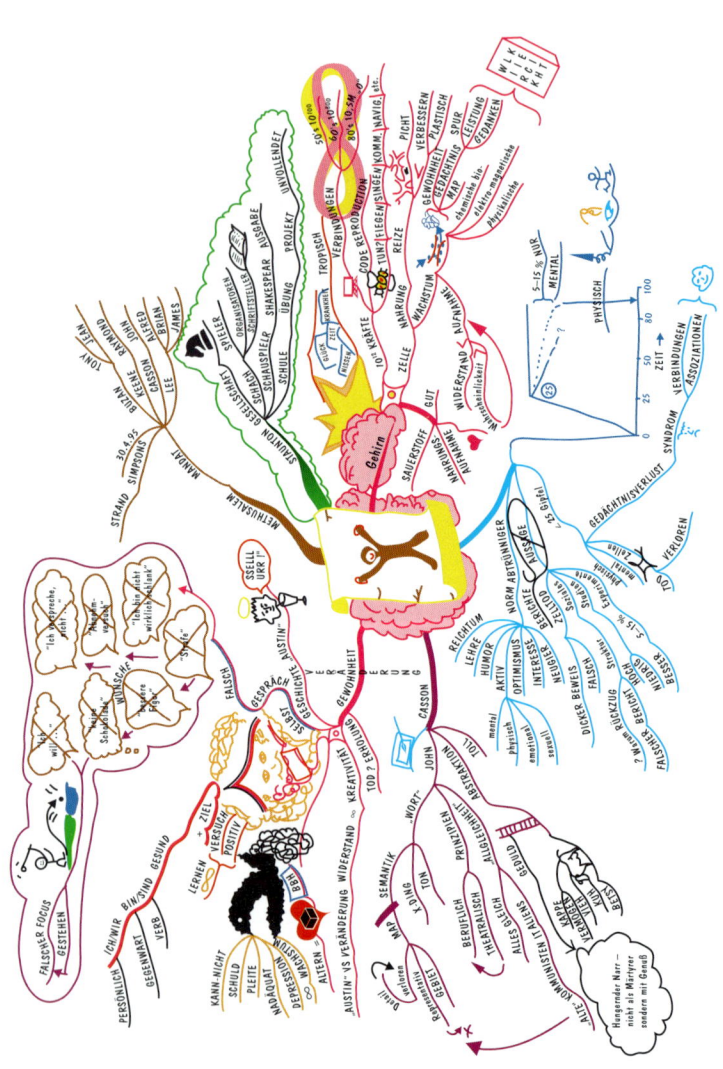

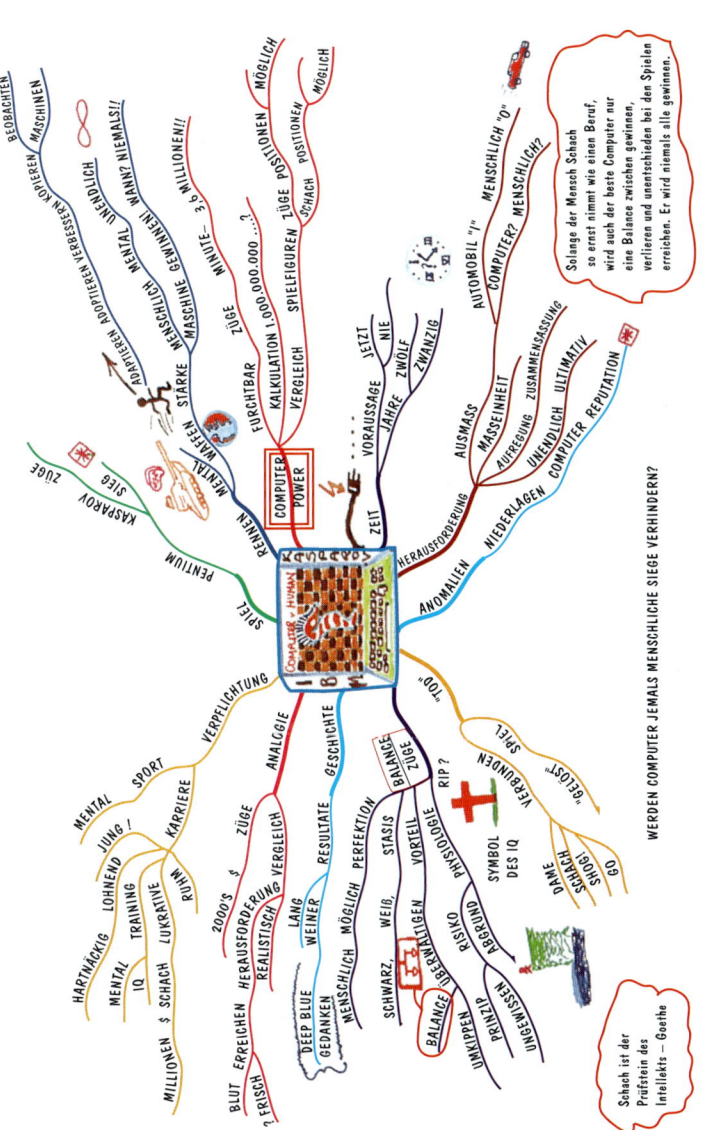

WERDEN COMPUTER JEMALS MENSCHLICHE SIEGE VERHINDERN?

Solange der Mensch Schach
so ernst nimmt wie einen Beruf,
wird auch der beste Computer nur
eine Balance zwischen gewinnen,
verlieren und unentschieden bei den Spielen
erreichen. Er wird niemals alle gewinnen.

Schach ist der
Prüfstein des
Intellekts — Goethe

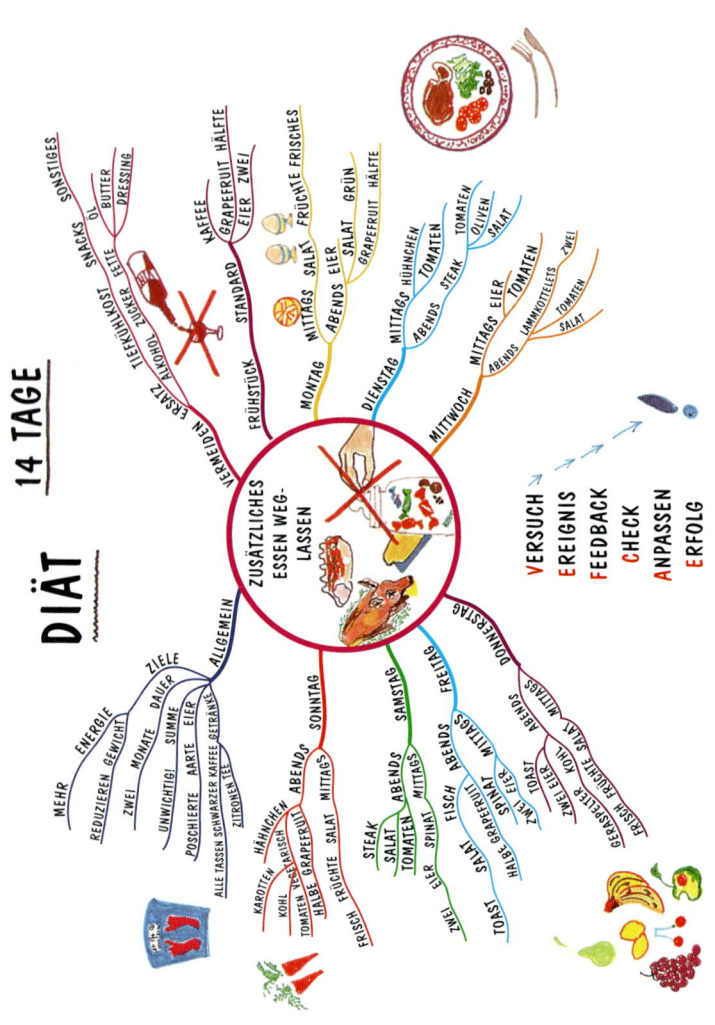

DIÄT

14 TAGE

ZUSÄTZLICHES ESSEN WEGLASSEN

VERMEIDEN/ERSATZ
- ALLGEMEIN
  - ERSATZ
    - TIEFKÜHLKOST
    - FETTE
    - ZUCKER
    - ALKOHOL

FRÜHSTÜCK
- STANDARD
  - KAFFEE
  - GRAPEFRUIT HÄLFTE
  - EIER ZWEI
- SONSTIGES
  - SNACKS
  - ÖL
  - BUTTER
  - DRESSING

MONTAG
- MITTAGS
  - SALAT
  - FRÜCHTE FRISCHES
- ABENDS
  - EIER
  - SALAT GRÜN
  - GRAPEFRUIT HÄLFTE

DIENSTAG
- MITTAGS
  - HÜHNCHEN
  - TOMATEN
- ABENDS
  - STEAK
  - TOMATEN
  - OLIVEN
  - SALAT

MITTWOCH
- MITTAGS
  - EIER
  - TOMATEN
  - LAMMKOTELETTS ZWEI
- ABENDS
  - TOMATEN
  - SALAT

DONNERSTAG
- MITTAGS
  - FRISCHE FRÜCHTE SALAT
  - GERASPELTER KOHL
- ABENDS
  - ZWEI EIER
  - TOAST
  - SPINAT
  - HALB GRAPEFRUIT

FREITAG
- MITTAGS
  - TOAST
  - ZWEI EIER
- ABENDS
  - FISCH
  - SALAT

SAMSTAG
- MITTAGS
  - SPINAT
  - TOMATEN
- ABENDS
  - STEAK
  - SALAT
  - EIER

SONNTAG
- MITTAGS
  - HALBE GRAPEFRUIT
  - FRÜCHTE SALAT
- ABENDS
  - HÄHNCHEN
  - KAROTTEN
  - KOHL
  - TOMATEN
  - VEGETARISCH
  - FRISCH

ALLGEMEIN
- ZIELE
  - MEHR
  - ENERGIE
  - REDUZIEREN GEWICHT
- DAUER
  - ZWEI MONATE
- SUMME
  - UNWICHTIG!
- GETRÄNKE
  - POSCHIERTE AARTE EIER
  - ALLE TASSEN SCHWARZER KAFFEE
  - ZITRONEN TEE

VERSUCH
EREIGNIS
FEEDBACK
CHECK
ANPASSEN
ERFOLG

9. Pro Sekunde sterben zwei Millionen Blutzellen und werden durch eine gleiche Anzahl neuer Zellen ersetzt.

10. Das Gehirn enthält eine Billion Neuronen oder Nervenzellen; es gibt also 200mal soviel Neuronen wie es derzeit Menschen auf dem Planeten gibt.

11. Das Gehirn enthält 1.000 Trillionen Proteinmoleküle.

12. Jeder Mensch hat über vier Millionen schmerzempfindliche Strukturen.

13. Der Körper verfügt über 500.000 Drucksensoren.

14. Der Körper verfügt über 200.000 Temperatursensoren.

15. In jedem menschlichen Körper ist genügend Atomenergie enthalten, um die größten Städte der Welt mehrfach neu aufbauen zu können.

16. Seit Anfang unserer Spezies hat es 70 Milliarden Menschen gegeben, von denen jeder einzelne sich erstaunlicherweise von jedem anderen unterschieden hat.

17. Unsere Nase kann den Geruch eines Objektes erkennen, wenn dies nur ein Geruchsmolekül auf eine Trillion Luftmoleküle aussendet.

Brain Flash

Sex und das Gehirn

Der Körper ist im Prinzip ein Leben lang sexuell potent.

Vielleicht sind Sie erstaunt, zu hören, daß das Sexualorgan des Menschen vergleichsweise wohl das größte der ganzen Erde ist – nicht die Genitalien, sondern das Gehirn! Sex ist eine körperliche und mentale Aktivität, wobei der mentale Anteil bei weitem der wichtigste ist. Wenn Sie Ihre Intelligenz, und insbesondere Ihre Vorstellungskraft, ein Leben lang weiterentwickeln, entwickeln Sie damit auch Ihre sexuelle Potenz.

Das Gehirn, Sex, Liebe und Romantik

Vor kurzem befragte die internationale Journalistin Nanci Hellmich Bestseller-Autoren romantischer Bücher zu den sexuell attraktivsten Eigenschaften ihrer Helden und Heldinnen.

Die Ergebnisse dürften insbesondere jene Menschen ansprechen, die auch im Alter ihre mentale Leistungskraft kontinuierlich steigern.

1. Judy McNaught (Im Königreich der Träume)

IDEALER HELD: „Kraftvoll, witzig, intelligent. Alle meine Helden können gut kommunizieren."
IDEALE HELDIN: „Dem Helden sehr ähnlich. Ein Sinn für Humor, intelligent."

2. Heather Graham Pozzessere (Verzehrende Glut)

IDEALER HELD: „Macht Spaß, ihm zu begegnen, ehrlich, klug."
IDEALE HELDIN: „Steht zweifelsfrei auf eigenen Füßen. Intelligent, schlau, risikofreudig."

3. Donna Hill (Rooms of the Heart)

IDEALER HELD: „Der Traummann, stark, kann auch zärtlich sein. Konzentriert sich auf seine Karriere."
IDEALE HELDIN: „Sie muß stark und entschlossen sein. Sie kann sowohl ihrer Karriere als auch ihrem Liebesleben gerecht werden. Intelligent, sanft, meistens attraktiv."

4. Beatrice Small (The Spitfire)

IDEALER HELD: „Ein intelligenter Mann, der bereit ist, etwas von Frauen zu lernen. Er hat einen Sinn für Humor."
IDEALE HELDIN: „Ich mag Frauen mit Humor. Man braucht mehr als eine schöne Frau, die sich auf einen Flirt einläßt. Sie muß intelligent sein."

Es ist vielleicht erstaunlich, daß Klugheit und Intelligenz ganz oben auf der sexuellen Hitliste steht.

Wie wir bereits anhand der Lebenserwartungen in Kapitel zwei erläutert haben, wenn sie regelmäßig ein- bis zweimal wöchentlich Sex haben, können Sie Ihrer Lebenserwartung zwei Jahre hinzufügen und weitere zwei Jahre, wenn Sie überdurchschnittlich intelligent sind (durchschnittlicher IQ liegt bei 100).

Einstellung

Wir wissen nun, daß unsere Sexualität im Laufe unseres Lebens nicht nachlassen muß. Vielmehr ist es ein Bereich unbegrenzter Möglichkeiten, ein Füllhorn des Vergnügens und ständiger Gelegenheit, voneinander zu lernen und sich intim zu begegnen.

Wenn Sie – egal, wie alt Sie sind – einen wundervoll fitten Körper in die sexuelle Arena mitbringen und einen intelligenten, kreativen, agilen und wachen Kopf, und wenn Sie dazu noch eine neugierige, offene, wissensdurstige, kindliche, romantische und fürsorgliche Einstellung haben, dann werden Ihr Sexualleben und Ihre Beziehungen immer ekstatischer.

Welche Schritte sollte ich nun unternehmen?
1. Nur einen: Weiter so!

Kapitel acht

Mens sana in corpore sano

„Achten Sie auf Ihre Gesundheit, und wenn Sie gesund sind, danken Sie Gott dafür und pflegen Sie sie ebenso wie Ihr gutes Gewissen, denn Gesundheit ist der zweite Segen für uns sterbliche Menschen, ein Segen, der sich mit keinem Geld der Welt erwerben läßt."

Isaak Walton, „The Complete Angler"

Im „Methusalem-Mandat" haben wir bereits erläutert, daß die Gehirnzellen das Kernthema aller Entwicklungsprogramme sind. In diesem Kapitel möchten wir Sie mit einer weiteren Herausforderung konfrontieren, nämlich eine umfassende „Gute Neue Gewohnheit" zu entwickeln: Die permanente Förderung Ihrer Gesundheit. Nur auf diese Art und Weise können die Milliarden biologischer Minicomputer in Ihrem Gehirn optimal funktionieren und ihre potentiell unendlichen Verknüpfungen effektiv ausbauen.

Wir wollen den Nutzen von Körpertraining und gesunder Ernährung auch anhand von Expertenaussagen erläutern. Damit Ihr Geist gesund (mens sana) bleibt, sollten Sie immer bestrebt sein, Ihren Körper so gesund wie möglich zu erhalten (in corpore sano).

Nahrung für Körper und Geist

Wer körperliche und mentale Ausdauer anstrebt und gute Leistungen bringen will, für den ist Ernährung ein außerordentlich wichtiges Thema. Wir haben Dr. Andrew Strigner, einen bekannten Ernährungswissenschaftler, der sich vor allem mit mentaler Leistungssteigerung befaßt hat, um seinen Rat gebeten. Exklusiv für dieses Buch schrieb er folgendes:

Brain Flash

*Harvard-Untersuchung belegt: Hartes Training fördert
langes Leben*

*Eilige Manager quetschen schon mal die eine oder andere Partie
Golf oder Squash in ihren überfüllten Terminkalender. Büroange-
stellte ersetzen eine Mittagspause bisweilen durch einen Besuch im
Fitneßstudio. Wer aber mehr davon haben will, als einen Vorteil
über seine Mitbewerber oder ein schlankes Äußeres, der muß sein
Trainingsprogramm erweitern ... Ein Forschungsprojekt, das über
20 Jahre lang an 17.300 Männern in mittleren Jahren durchgeführt
wurde, hat ergeben, daß diejenigen Männer, die fast täglich hart
trainierten, länger lebten als diejenigen, die nur ein- bis zweimal
die Woche schwitzten. Halbherziges Training macht keinen Unterschied, meint die Leiterin der Untersuchung Dr. I-Min Lee: „Damit kann man seine Lebenserwartung nicht maßgeblich steigern."*

„Ich fand Ernährung schon immer besonders interessant. Zu
meinem Leidwesen mußte ich entdecken, daß die Ernährungswissenschaft nicht zum Curriculum der medizinischen Ausbildung gehört, so daß ich nach meiner Approbation über dieses
Thema genausoviel wußte wie meine Patienten. Wenn man jedoch seine Grenzen erkannt hat, kann einen das enorm motivieren. Also machte ich mich auf die Suche und stieß auf die *Mc-
Carrison Society*. Sie wurde von Ärzten, Wissenschaftlern und
Tierärzten gegründet und widmete sich dem Studium der Beziehung zwischen Ernährung und Gesundheit sowie der Verbreitung relevanter Erkenntnisse.

In der Folge stieß ich weltweit auf andere Forscher in diesem
Bereich. Ich war erstaunt über das enorme, bereits vorhandene
Wissen, das allerdings kaum jemandem, außer den betreffenden
Wissenschaftlern, bekannt ist (die ihrerseits ihre Kollegen kaum
kennen) und in der wissenschaftlichen Literatur kaum Verbreitung findet. Erstaunlich ist jedoch, daß es in der populären Presse seinen Weg zum interessierten Laienpublikum findet. Dies
wiederum erzeugt zunehmenden Druck auf die Mediziner, weitere Antworten zu finden.

Erfreulicherweise haben einige neuere Ausbildungszentren für Mediziner, wie beispielsweise in Oxford und Southampton, die Ernährungswissenschaft inzwischen in ihr Curriculum aufgenommen.

Das Studium der Ernährungswissenschaft ist auch deshalb so faszinierend, weil viele relevante Beiträge aus anderen Fachbereichen kommen, zum Beispiel aus der Epidemiologie, Anthropologie, Paläoanthropologie, Anatomie, Physiologie, Biochemie und natürlich aus der klinischen Praxis."

Insbesondere Menschen, die in späteren Jahren Kinder planen, sollten auf ihre Ernährung achten.

Gesundheit vor der Befruchtung

Sie müssen immer bedenken, daß beide Partner ihr genetisches Material beitragen. Die Gesundheit des Vaters ist also genauso wichtig wie die der Mutter in spe. Man ging beispielsweise lange davon aus, daß vor allem ältere Mütter für das Down-Syndrom bei ihren Kindern verantwortlich seien. Jüngste Untersuchungen aus Frankreich legen allerdings den Schluß nahe, daß ein Defekt des väterlichen Samens, der auf schlechter Ernährung und nicht auf dem fortgeschrittenen Alter des Vaters beruht, zum Down-Syndrom führt.

Gesundheit in der Schwangerschaft

Tierzüchter und Tierärzte wußten schon lange, wie wichtig gute Ernährung für trächtige Muttertiere ist und haben entsprechend viel getan. Bis vor kurzem kam den Menschen in dieser Hinsicht hingegen kaum vergleichbare Aufmerksamkeit zu. Heute weiß man, daß Fehlentwicklungen des neuronalen Gewebes (wenn Gehirn und Rückenmark sich nicht richtig entwickeln) von einem Mangel bestimmter Stoffe in der Nahrung verursacht werden können. In Großbritannien ist offenbar ein Mangel an einem B-Vitamin, Folsäure, dafür verantwortlich, während jüngste Forschungen im irischen Dublin Indizien ergeben haben, daß diese Erkrankung auch mit einem Mangel an Vitamin B12 zusammenhängen könnte. Weitere Forschungsresultate geben Anlaß zu der Annahme, daß bestimmte neuronale Fehlentwicklungen in Fernost auf einen Zinkmangel zurückzuführen sind.

Nahrung für das Gehirn

Bei Babys ist Milch die wichtigste Nahrung für das Gehirn – Muttermilch. Wir wollen das näher erläutern.

Bei der Geburt wiegt ein Kalb zwischen 35 und 45 Kilogramm und sechs Monate später wiegt es bereits über 200 Kilogramm. Im Gegensatz dazu wiegt ein menschliches Baby zwischen drei und vier Kilogramm und sechs Monate später etwa sechs Kilogramm.

Dieser Unterschied erklärt sich auch daraus, daß Kuhmilch sehr viel Protein enthält, welches zu Körperwachstum führt, und Fett, das die entsprechende Energie für dieses Wachstum bereitstellt. Die menschliche Milch enthält im Gegensatz dazu weit weniger Protein und relativ wenig Fett, dafür aber enorme Mengen Fettsäuren und andere Stoffe, beispielsweise Cerebroside, die das Wachstum von Gehirn- und Nervenzellen im ganzen Körper fördern. Diese Stoffe sind deshalb notwendig, weil das Gehirn bei Menschen bis zu drei Jahre nach der Geburt weiterwächst, während sich das Hirn bei Kälbern nach der Geburt kaum weiterentwickelt.

Kurz gesagt: Menschliche Muttermilch sorgt für ein großes Hirn, Kuhmilch für einen großen Körper.

Nahrung für das Leben

Die folgenden Empfehlungen, die zum Teil weitverbreiteten Meinungen zuwiderlaufen, beruhen auf jüngsten Erkenntnissen der Ernährungswissenschaft. Müßten wir jede einzelne Aussage umfassend erläutern, bräuchte man wohl jeweils ein ganzes Buch, so daß wir sie hier eigentlich nur zusammenfassen können. Eine gute und genußreiche Ernährung für ein langes und gesundes Leben sollte folgendes enthalten:

1. MAGERES FLEISCH, insbesondere Wildfleisch (Fasan, Rebhuhn, Kaninchen, Hase, Wildbret) und Innereien wie Leber und Niere. Das ist nicht nur ein Genuß, sondern auch eine Quelle von Proteinen, Kohlenhydraten, Wasser, Mineralien, Vitaminen und, was wohl am wichtigsten ist, von essentiellen Omega-3- Fettsäuren. Diese werden zur Erneuerung der Zellmembran, der Hormonproduktion und für den Transport von Mineralien im Körper benötigt; besonders

wichtig sind sie für die Produktion von Neurotransmittern, die für das gute Funktionieren der Nervenzellen unerläßlich sind.

2. ALLE SORTEN FISCH, einschließlich Hering, Makrele, Sardine, Thunfisch, Lachs, usw. Letztere sind eine weitere Quelle von essentiellen Omega-3-Fettsäuren. Es gibt viele Diäten, die einem das Leben schwer machen, aber geräucherter Lachs, Austern, Hummer, Krabben und Garnelen dürften es einem sehr viel leichter machen, sich gesund zu ernähren!

3. UNTERSCHIEDLICHE GEMÜSESORTEN, und davon so viel wie möglich: Blatt-, Stengel-, Wurzel-, Hülsenfrüchte, Pilze, Brokkoli, Kartoffeln, Kohl, Spinat, Salat, Erbsen, Bohnen, Zwiebeln, Knoblauch, Paprika … Grünes Gemüse im allgemeinen: es ist eine wichtige Quelle von Mineralien, Vitaminen, Fasern und essentiellen Fettsäuren der Omega-6-Gruppe.

4. HIN UND WIEDER EIER (also nicht täglich, sondern etwa zwei- bis dreimal wöchentlich). Man sollte sie nicht wegen ihres Cholesteringehaltes (der für gesunde Menschen bedeutungslos ist) weniger oft essen, sondern weil manche Menschen eine Abwehrreaktion entwickeln, wenn sie sie häufiger essen. Das wäre schade, weil Eier eine wertvolle Nahrungsquelle sind.

5. MINIMALE MENGEN FETT (Butter, Milchprodukte, fettes Fleisch vom Lamm, Rind oder Schwein) – man sollte es allerdings nicht völlig aus seinem Speiseplan eliminieren. Es enthält einige fettlösliche Vitamine und verschafft uns wichtige Geschmacksnuancen, aber es ist vor allem eine Quelle konzentrierter Energie. Wer regelmäßig harte Körperarbeit verrichtet (z.B. Minenarbeiter oder Holzfäller) oder in sehr kalten Regionen lebt, braucht diesen Brennstoff, um seine Energiereserven aufrechtzuerhalten. Die meisten von uns brauchen es allerdings nicht.

6. FRÜCHTE UND NÜSSE in Maßen – je nach Jahreszeit.

7. ZUCKER und industriell verarbeitete Lebensmittel mit Zucker – Kekse und Kuchen beispielsweise – sollte man, wenn möglich, vermeiden. Obwohl der Körper Zucker (Glukose) als wichtigsten Brennstoff benötigt, sollte er diesen besser selber aus der Nahrung produzieren, die wir zu uns nehmen; somit bleibt das korrekte Niveau gewährleistet. Zuviel Zucker bringt diesen Mechanismus durcheinander. Außerdem ist Zucker ein wesentlicher Faktor bei der Entstehung von Herzkrankheiten.

8. GETREIDE (insbesondere Produkte aus Weizen) sollten in Maßen und sorgfältig genossen werden. Roggenbrot ist oft verträglicher als Weizenbrot.

9. MILCH UND MILCHPRODUKTE sind gleichermaßen mit Vorsicht zu genießen.

Entwicklungsgeschichtlich betrachtet sind die letzten drei Lebensmittel relativ neu, und es gibt genügend Hinweise darauf, daß viele Menschen nach einiger Zeit empfindlich auf Milch- und Weizenproteine reagieren.

Es heißt oft, man benötige Milch wegen des enthaltenen Kalziums, aber das stimmt keineswegs! Überlegen Sie doch mal: Kein Tier bekommt Milch von anderen Tieren und dennoch entwickeln sich alle Knochen und Zähne. Kalzium befindet sich in fast allen Nahrungsmitteln, die wir zu uns nehmen, und wenn Sie sich an das oben erwähnte Schema halten, dann reicht das voll und ganz.

Um den wichtigen Zusammenhang zwischen guter Ernährung und mentalen Fähigkeiten noch einmal zu betonen, zitieren wir hier einen Brief von John Harris, einem Leser der Schachkolumne von Ray Keene, in der *Times*:

Ich war nie ein guter Schachspieler, aber ich habe oft gespielt und im Kriegsgefangenenlager in Kuching auf Sarawak habe ich mein Spiel enorm verbessert. Mein alter Kumpel, Poole, war auch im Lager; er war Marineoffizier, kam aus Batavia und war ein wirklich guter Spieler. Er hatte einmal in einem Simultanspiel mit 40 anderen gegen den großen Weltmeister Alekhine gespielt und ihn als einziger geschlagen. Er hat mir eine ganze Reihe Grundprinzipien erklärt.

Die Anzeichen mentaler Leistungsverluste durch die fürchterliche Mangelernährung im Lager wurden mir erstmals beim Schach bewußt. Etwa Mitte 1944 wurde mir klar, daß ich nicht mehr in der Lage war, Züge soweit vorauszurechnen, wie ich es zuvor getan hatte, und es wurde immer schlimmer. Glücklicherweise erholte ich mich geistig wieder, als der Körper sich regeneriert hatte."

Ein optimistisch stimmender Bericht von einer spannenden mentalen Wiederauferstehung.

Aerobisches Training

Aerobisches Training erweitert die Effizienz, mit der unser Körper atmet und den Sauerstoff im ganzen Körper verteilt. Bei aerobischen Übungen atmet man sehr tief, und Arme und Beine machen pumpende Bewegungen; damit sie ihre volle Wirkung entfalten können, sollte man dreimal wöchentlich und mindestens 20 Minuten lang trainieren. Wie bei allen Übungen gilt dies natürlich nur für Menschen mit einer guten Körperkondition, und wenn Sie auch nur die leisesten Zweifel haben oder bereits einmal Herzprobleme hatten, dann konsultieren Sie unbedingt zuvor Ihren Hausarzt.

Es gibt viele verschiedene aerobische Übungen, einschließlich Walking, Jogging, Fahrradfahren, Tanzen, Seilspringen, Schwimmen, Squash, Tennis, Eislaufen und Rollschuhfahren, Skilanglauf und Zirkeltraining mit Gewichten. Manche Sportarten haben auch ein gesellschaftliches Element (Tanzen, Laufen, Jogging, Schwimmen). Wenn allerdings Körpertraining ein rotes Tuch für Sie ist, wie wäre es dann mit einem sportlichen Spaziergang mit dem Hund?

Es gibt zahllose Arten, zu trainieren, sei es zu Hause oder im Fitneßstudio. Unter den vielen Heimtrainern, die im Handel erhältlich sind, ist der *Concept II Indoor Rower* (auch bekannt unter dem Namen *Concept II Rowing Ergometer*) eine gute Wahl. Rudern ist gut für den ganzen Körper, für das Herz, die Lungen und den Kreislauf, und formt zugleich die Muskulatur der Beine, des Rückens, der Schultern und des Bauches. Durch die vielfältigen Bewegungsabläufe erhalten und steigern Sie Ihre Flexibilität. Ein weiterer Vorteil dieses Geräts besteht darin, daß Ihr Knochengerüst nicht erschüttert wird, so daß Ihre Gelenke gut geschützt sind.

Das einzigartige und stabile Design des *Concept II Indoor Rower* ermöglicht es dem Benutzer, den Bewegungsablauf des Ruderns in freier Natur zeitsparend und effizient zu trainieren. Er wurde unter den härtesten Bedingungen getestet, zum Beispiel in Fitneßstudios und auf Öltürmen, in Gefängnissen und Polizeibüros – und sogar im NASA-Trainingszentrum für Astronauten.

Der Schlüssel zu effektivem Körpertraining ist das entsprechende Feedback. So kann der Benutzer beispielsweise seine Herzrhythmusdaten unmittelbar vom Monitor des *Concept II Indoor Rower* ablesen. Aber auch die erzielte Geschwindigkeit, der Kalorienverbrauch, die zurückgelegte Strecke, die Energie (in Watt), die Zeit und der Puls sind auf einen Blick zu erkennen. Der Leistungsmonitor hat außerdem

Brain Flash

Training macht gesund

Es sieht aus wie andere Gesundheitszentren in der Gemeinde, aber The Lagoon in Hailsham, West Sussex, erweckt dennoch den Eindruck, etwas Besonderes zu sein. Minister, Ärzte und Akademiker aus ganz England kamen zu Besuch und waren erstaunt über die dort erzielte Gesundheitsförderung.

Vor etwa vier Jahren begann der Hausarzt David Hanraty, seinen problematischsten Patienten Körpertraining im Gesundheitszentrum zu verschreiben. Die Resultate waren auch für ihn eine Überraschung. So konnte ein 67jähriger Diabetiker mit hohem Blutdruck seine Medikamente absetzen, nachdem er sechs Monate an dem Training teilgenommen hatte; auch die Symptome seiner Diabetes verschwanden wieder. Obwohl natürlich nicht alle Teilnehmer an dem Übungsprogramm von ähnlich dramatischen Veränderungen berichten, so fühlen sie sich doch bedeutend besser, egal, ob sie zuvor depressiv waren, einen Herzinfarkt erlitten hatten oder an Enddarmkrebs litten.

Seither haben über 70 örtliche Hausärzte damit angefangen, ihren Patienten Übungsprogramme in The Lagoon zu verschreiben, und über 3.000 Patienten profitierten davon.

Seit einem ernsten Unfall vor vier Jahren war George Crew teilweise gelähmt. Seine Frau Phillis litt an Rückgratverkrümmung. Das Ehepaar, beide über 70 Jahre alt, berichtet, daß sie sich bedeutend besser fühlen und leichter bewegen können, seit sie im Gesundheitszentrum schwimmen gehen.

Das vom Hausarzt verschriebene Übungsprogramm hat auch bei Menschen, die mit dem Rauchen aufhören wollen, bei nachgeburtlicher Depression und bei eher chronischen Gehirnstörungen Wunder bewirkt. Dr. Hanraty berichtet: „Ich habe eine meiner Patientinnen, die unter Schizophrenie litt, ins Gesundheitszentrum geschickt. Zum gegenwärtigen Zeitpunkt benötigt sie bedeutend weniger Medikamente als zuvor und hat ihren Zustand sehr viel besser im Griff." Der Grund? Dr. Hanraty meint, das Training stimuliere sowohl das Selbstvertrauen als auch das Immunsystem.

eine Speicherfunktion, so daß Sie Ihre Daten nach Ende des Trainings
überprüfen können.

Sie finden den *Concept II Indoor Rower* in vielen Fitneßstudios.
Sie können ihn für den Heimgebrauch käuflich erwerben (Kosten etwa 1.200 Dollar). Das Gerät wird täglich weltweit von etwa einer Million Menschen benutzt. Die beiden Autoren dieses Buches sind Ei-
gentümer dieses Geräts, beziehen jedoch keinerlei Provision und besitzen auch keinerlei Aktien der Firma!

Rudergeräte mit ähnlichen Leistungsmerkmalen finden Sie im
Sportfachhandel in großer Auswahl und von verschiedenen Herstel-
lern. Die Preise liegen je nach Qualität des Geräts zwischen 700 DM
und 2.500 DM.

Wenn Sie Ihre Ernährung verändern wollen oder mit aerobischem
Training beginnen, beachten Sie doch bitte unsere Empfehlungen in
Kapitel vier dazu, wie Sie „Starke Schlechte Gewohnheiten" in „Gute
Neue Gewohnheiten" verwandeln können.

Brain Flash

Klug trinken – Steigern Sie Ihren IQ

Gute Nachrichten erhalten wir in jüngster Zeit von der Zeitschrift
Age and Ageing, *die von der Arbeit von Dr. Stephen Iliffe am*
Whittington Hospital *berichtet, dessen Forschung den Schluß na-
helegt, daß ältere Männer, die öfter ein Glas trinken, Intelligenztests besser absolvieren als ihre nichttrinkenden Altersgenossen.
Aus der Studie geht außerdem hervor, daß die Trinkgewohnheiten
von über 96 % der Probanden sich strikt im von der* British Medical Association *vorgegebenen Rahmen bewegten: Der höhere IQ
war daher auf den moderaten, „intelligenten" Alkoholgenuß
zurückzuführen.*

Diese Forschungsresultate stimmen mit dem überein, was wir in Ka-
pitel zwei geäußert haben, daß nämlich moderate Trinker eine höhere
Lebenserwartung haben, im Gegensatz zu schweren Trinkern oder
Menschen, die gar nichts trinken.

Die unten abgebildete Graphik zeigt, daß sinnvolle Trinkgewohnheiten ein probates Mittel gegen Herzkrankheiten sind – eine der
Haupttodesursachen der industrialisierten Welt. Wie aus der Graphik
zu erkennen ist, nimmt die Todesrate durch Herzkrankheiten in Euro-

pa dort ab, wo der Weinkonsum der Bevölkerung pro Kopf steigt, und umgekehrt.

Steigern Sie Ihre Intelligenz und senken Sie zugleich den Blutdruck: Kaufen Sie ein Haustier!

Die Forschungsarbeit von Warwick Anderson am *Baker Medical Research Institute* in Melbourne hat den bisher besten Nachweis für die Tatsache erbracht, daß Haustiere gut für Körper und Geist sind. Er untersuchte zu diesem Zweck 5.741 Menschen zwischen 20 und 60 Jahren, davon 784 Haustierbesitzer.

Es zeigte sich, daß Haustierbesitzer weniger Streß empfinden und einen bedeutend niedrigeren Cholesterinspiegel und Blutdruck haben. Diese Resultate blieben konstant, auch wenn die Menschen sich unterschiedlich ernährten und zu verschiedenen gesellschaftlichen Schichten gehörten.

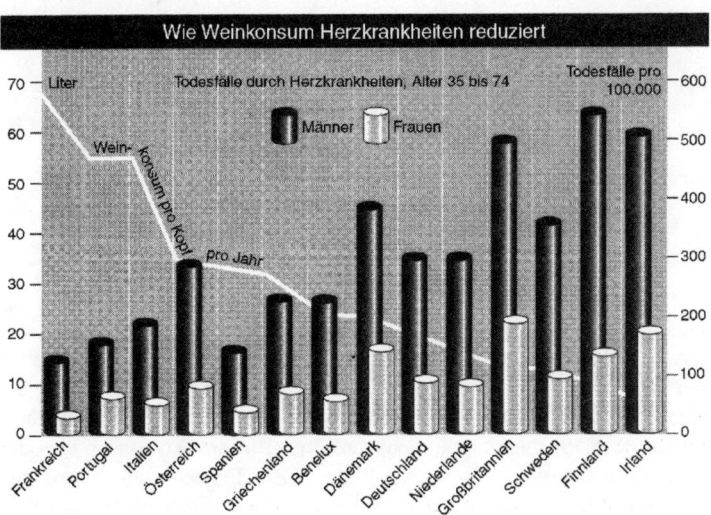

James Serpell von der *Companion Animal Research Group* in Cambridge ist der Meinung, daß der Unterschied zwischen diesen beiden Gruppen äußerst bemerkenswert ist und daß „dieser Unterschiede sehr viel größer ist als in vergleichbaren Studien, die untersuchten, wie sich eine vegetarische Diät oder Körpertraining in dieser Hinsicht auswirken."

Tierliebe

Brain Flash

Virtuelle Haustiere

Wenn Sie schwer arbeiten müssen und Ihr Sozialleben darunter leidet, wie wäre es dann als Trost mit einer hypermodernen, computergenerierten Kreatur, die halb Delphin halb Vogel ist? „Fin-Fin", ein elektronisches Haustier, bewohnt die virtuelle CD-ROM-Welt von Fujitsu, eine Welt namens Teo. Durch Sensoren und Stimmenanalyse interagiert Fin-Fin mit Menschen. Wie ein echtes Haustier erinnert Fin-Fin sich an Gesichter und Stimmen und horcht auf, wenn das Herrchen ruft. Warme Worte bewirken anschmiegsames Verhalten, und laute Geräusche lassen Fin-Fin in virtuelle Ferne fliehen. Fin-Fin kann wie ein Vogel singen und neue Lieder lernen, und außerdem liefert es gelegentlich Kunststückchen. Vogelfutter ist überflüssig. Was ist mit anderen Fin-Fins? Fujitsu schweigt sich vielsagend aus, aber dabei die Idee suggeriert, daß Fin-Fin irgendwo auf Teo eine Gesellin hat und daß die beiden sich fortpflanzen können ...

Diese neuen Forschungsresultate passen gut zur in Kapitel zwei erläuterten Lebenserwartung, daß nämlich gute „Freunde" unser Leben verlängern. Die Gemeinschaft mit einem Haustier, das man liebt, paßt sicherlich auch dazu. Ein Haustier zu streicheln vermindert bekanntermaßen Streßerscheinungen, senkt erhöhte Blutdruckwerte und produziert ganz allgemein ein Wohlgefühl – diese Tatsache wird in einigen Altersheimen angewandt, deren Bewohner weit weniger Schlafmittel einnehmen, wenn sie für eine Katze sorgen und sie öfter streicheln können. Sie wollen fit werden, gesund bleiben, weniger Streß haben und länger leben? Dann könnte ein Haustier auch für Sie eine Lösung sein.

Manche Menschen, Koautor Raymond Keene beispielsweise, sehen den Wert eines Haustiers für ihre Lebenserwartung, aber sie reagieren allergisch auf bestimmte Tiere (in seinem Fall: Katzen). Aber vielleicht findet die Technologie eine Antwort darauf (siehe den *Brain Flash* über „virtuelle Haustiere").

Da Vincis Nickerchen

Es heißt, Leonardo da Vinci habe alle vier Stunden ein Nickerchen von einer Viertelstunde eingelegt, was ihm bei einem 16stündigen Arbeitstag eine Stunde mehr Schlaf eingebracht hätte.

Gemäß Claudio Stampi, Forscher am *Institute of Circadian Physiology* im amerikanischen Boston, macht das durchaus Sinn. Viele Tiere haben seiner Meinung nach solche natürliche Rhythmen.

Ein Graphiker, der etwa drei Wochen lang an einer Forschung teilnahm und da Vincis Schlafrhythmus testete, war so begeistert über das Resultat, daß er sich auch für nachfolgende Experimente anmeldete. Zusätzliche Studien mit Soloseglern bieten einen weiteren Hinweis in diese Richtung, da sich gezeigt hat, daß Segler, die bei Regatten weniger schlafen, besser abschneiden als Segler, die länger schlafen.

Wo das möglich und passend ist, rät Stampi Menschen, behutsam mit da Vincis Nickerchen zu experimentieren.

Sie werden sich erinnern, daß laut Kapitel zwei jemand, der regelmäßig länger als zehn Stunden am Stück schläft, zwei Jahre von seiner Lebenserwartung abziehen muß.

Welche Schritte sollte ich nun unternehmen?

1. Ernähren Sie sich gesünder. Essen Sie regelmäßig ein ordentliches Frühstück. Abgesehen von Festtagen und Feiern sollten Sie nächtliche alkoholische Exzesse vermeiden.
2. Trinken Sie mindestens acht Gläser Wasser täglich. Kräutertees sind sehr zu empfehlen. Kaffee und (normaler) Tee sind in Ordnung, aber Sie sollten Zucker meiden und vorsichtig sein, wenn Sie das Gefühl haben, nicht ohne auszukommen.
3. Kuhmilch, Früchte außerhalb der Saison, Getreide und Weizenprodukte, beispielsweise Pasta und Brot, sind (entwicklungsgeschichtlich gesehen) relativ neue Nahrungsmittel. Deshalb

führen sie häufiger zu Allergien. Aus diesem Grund sollten Sie solche Nahrungsmittel mit Vorsicht genießen.

4. Führen Sie ein regelmäßiges Körpertraining durch: mindestens dreimal pro Woche, 10 bis 30 Minuten lang.

5. Bevor Sie ein anstrengendes Trainingsprogramm beginnen, oder wenn Sie meinen, bestimmte körperliche Schwachpunkte zu haben, sollten Sie sich mit Ihrem Hausarzt beraten.

6. Überlegen Sie, ob Sie nicht folgendes tun wollen: Einen flotten Spaziergang im Park oder im Wald oder auf dem Land (mit einem Hund, falls Sie einen haben), Jogging, Langstreckenlauf, Training für einen Marathon, Langlaufen, Rudern, Fahrradfahren, Tanzen, Schwimmen und Rollschuhfahren.

7. Werden Sie Mitglied in einem Tennis-, Schwimm-, Kampfkunst- oder Skatingklub oder in einem Fitneßstudio, damit erweitern Sie außerdem Ihren Freundeskreis und Ihr soziales Umfeld.

8. Streicheleinheiten sind gut für Mensch und Tier.

9. Machen Sie Nickerchen.

10. Beachten Sie, wie Ihre Ernährung Ihre mentale Leistungskraft beeinflußt.

Ihre physiologischen und philosophischen „Leitungen" sind jetzt aufeinander abgestimmt. Sie werden körperlich immer gesünder und können daher besser daran arbeiten, die Klarheit und den Fluß Ihres Denkens mit zunehmendem Alter auszubauen, denn Sie haben nun die Voraussetzungen dafür geschaffen. Damit sie das erreichen, ist es *ganz wesentlich*, die richtige Formel zu finden, mit der Sie die gigantischen Generatoren Ihres Geistes in Bewegung setzen. Im nächsten Kapitel werden wir eine „Geheimwaffe" enthüllen, die Ihnen das ermöglichen wird – ein Instrument, das als „Schweizer Messer des Gehirns" bekannt geworden ist.

Kapitel neun

Mind-Maps™: die Geheimwaffe

„Tony Buzans Erfindung, der gedankengliedernde Prozeß des Mind-mappings, verschafft älteren Menschen einen Raketenstart und hilft ihnen, ihren mentalen Vorsprung und ihre Wachsamkeit aufrechtzuerhalten."

Ray Keene

Dieses Kapitel befaßt sich damit, wie man mit Tony Buzans Erfindung, den Mind-Maps, seine Gedanken und mentalen Prozesse besser organisieren kann. Insbesondere werden wir uns ausführlicher mit den in Kapitel drei skizzierten Problemen befassen, nämlich den wichtigsten 20 Bereichen, die von 40- bis 50jährigen als verbesserungswürdig angesehen werden.

Wir werden aufzeigen, wie – im Geschäftsleben, im Alltag, für Präsentationen, oder auch für ganz persönliche „Noch-zu-erledigen"-Listen – die Anwendung der Mindmapping-Technik das ungeordnete Denken bekämpfen kann, das meist für ein altersbedingtes Symptom zunehmender mentaler Leistungsschwäche gehalten wird.

Mindmapping

„Wenn Sie Geschäftsmensch, Akademiker, Dienstleister oder Industrieller sind oder in diesen Bereichen arbeiten, dann werden Sie bemerken, wie unendlich wertvoll das Mindmapping ist. Als ich eingeladen wurde, im März 1995 einen Vortrag an der *Royal Institution* in London über die Frage zu halten, ob Schachcomputer jemals fähig sein werden, menschliche Schachweltmeister zu besiegen, mußte ich eine Präsentation schaffen, die genau 60 Minuten dauerte – nicht mehr und nicht weniger – und ich benutzte dazu eine Mind-Map. Es

Brain Flash

Diagramme verwandeln die Welt der Algebra

Nicht umfangreiche Kalkulationen, sondern einfache Bilder könnten der Schlüssel zu einer weiteren Verbesserung der Mathematik und Physik sein.

Eine Studie über große wissenschaftliche Genies, wie beispielsweise Isaak Newton, hat enthüllt, daß diese eine Unzahl Skizzen bei der Entdeckung der Gesetze der Physik benutzten. Die heutigen Studenten hingegen müssen sich durch einen Berg algebraischer Probleme kämpfen. Das führt allerdings nur selten zu einem umfassenden Verständnis der den Berechnungen zugrundeliegenden Realität, und man nimmt an, daß die mittelmäßigen Resultate von Studenten der Astronomie und Ingenieurswissenschaften auf diese Tatsache zurückzuführen sind.

Die Forscher haben ein Computersystem entwickelt, das sich dem wissenschaftlichen Genie wie ein Bilderbuch nähert und somit Studenten vielleicht zu Höherem inspirieren kann. Bewegliche Diagramme enthüllen die Bewegungsgesetze und den Erhalt von Bewegung und Energie.

Dr. Peter Cheng, Psychologe am Economic and Social Research Council's Centre for Development, Instruction and Training *in Nottingham meint dazu: „In diesem System kann man mit Hilfe geometrischer Formen Diagramme zeichnen, um Lösungen für Probleme zu finden. Dadurch wird Algebra lebendig.*

funktionierte auf die Nanosekunde genau, und es freute mich hinterher besonders, daß die Akademiker und Professoren sich um das Pult drängten, um diese neuartigen Vortragsnotizen zu bestaunen."

RAY KEENE

Tony Buzan berichtet nun über die Entstehung seines revolutionären Konzepts.

Die Entstehungsgeschichte des Mindmappings

Ich machte den ersten wesentlichen Schritt im Alter von 14 Jahren. Ich mußte zahllose Tests meiner Intelligenz, Lesegeschwindigkeit und meines Gedächtnisses über mich ergehen lassen, und man teilte mir mit, die Resultate lägen nun für allezeit fest. Das machte mich nicht nur wütend, sondern ich konnte es auch nicht verstehen. Schließlich macht Körpertraining einen stärker, also warum sollte die richtige mentale Übung die geistige Leistungsfähigkeit nicht verbessern können? Ich begann sofort, an diesem Problem zu arbeiten, und mir wurde schon bald klar, daß sich meine Ergebnisse mit der richtigen Technik sicherlich verbessern lassen würden. Zu diesem Zeitpunkt wurde mir auch bewußt, daß die Art von Notizen, die meine Lehrer und die Vortragsredner erwarteten, wohl die schlechteste Methode war, ein Thema zu verstehen. Ich empfand sie als langweilig und wertlos, und je mehr ich solche Notizen machte, desto weniger schien ich das Material zu verstehen.

Als ich im Alter von 20 Jahren an der *University of British Columbia* studierte, begann ich ernsthaft daran zu arbeiten, mein Gedächtnis und mein Notizen zu verbessern. Diese Arbeit entwickelte sich in zweierlei Richtungen:

1. Ich erforschte das Wesen des Gedächtnisses und insbesondere das, woran man sich erinnert. Bilder und Assoziationen gehören unweigerlich dazu.
2. Ich befaßte mich mit den Notizen von Genies und anderen Koryphäen und bemerkte, daß sie alle ohne Ausnahme Bilder, Skizzen, Pfeile und andere Verbindungsglieder nutzten und daß Menschen, die wissenschaftlich weniger leisteten, nur lineare Notizen machten.

Diese beiden Tatsachen brachten mich zum Konzept des Mindmappings. Je mehr ich entdeckte, desto aufgeregter wurde ich. Ich fühlte mich wie die Entdecker von Tutanchamuns Grab: Zunächst hatte ich nur durchs Schlüsselloch gesehen und nebelhaft Schemen von etwas gesehen, was sich womöglich als unglaubliches Kunstwerk entpuppen würde. Dann habe ich den zunächst noch düsteren Raum betreten und das unglaubliche Potential seines Inhalts erkannt. Und schließlich gelang es mir, Licht auf den riesigen Schatz zu werfen, den ich entdeckt hatte.

Es war mir ein wichtiges Anliegen und ist es mir auch heute noch, der Welt von meiner Entdeckung zu berichten. Zunächst veröffentlichte ich mein Buch *Use Your Head* und dann folgte die Fernsehserie mit gleichem Namen, die zehn Jahre lang im Jahresrhythmus wiederholt wurde. Anschließend verbreitete ich die Idee über 15 Jahre lang und hielt Vorträge an Universitäten, in Firmen und Behörden. Anfang 1990 gründete Vada North schließlich die Buzan-Zentren, an denen Trainer im radialem Denken des Mindmappings zu *Radiant-Thinking Instructors* ausgebildet wurden.

Die Mind-Map ist eine wirkungsvolle graphische Technik und ein universeller Schlüssel, der das Potential des Gehirns entfesselt. Eine Mind-Map macht sich die gesamte Palette mentaler Fähigkeiten zunutze – Worte, Bilder, Zahlen, Logik, Rhythmus, Farbe und räumliche Ordnung –, und zwar auf äußerst wirkungsvolle Weise. Sie verschafft jedem außerdem die Freiheit, die endlosen Weiten des Gehirns zu durchforsten. Das Mindmapping läßt sich auf alle Aspekte des Lebens anwenden, wo klares Denken und bessere Lernmethoden die Leistungskraft steigern sollen. Millionen Menschen zwischen 5 und 105 Jahren in der ganzen Welt benutzen heute Mind-Maps, wenn sie ihr Gehirn effektiver einsetzen wollen.

Wie eine Landkarte verschafft eine Mind-Map Ihnen:

1. eine bessere Übersicht über ein umfassendes Thema;
2. die Möglichkeit, komplexe Lösungswege zu planen/ Entscheidungen zu treffen;
3. ein umfangreiches Wissen darüber, wohin Sie gehen und wo Sie bereits gewesen sind;
4. ein Mittel, immense Datenmengen zu sammeln und zu speichern;
5. die Gelegenheit, Tagträume und Problemlösungsstrategien zu nutzen, um kreativ neue Wege zu finden;
6. die Möglichkeit, außerordentlich effektiv zu sein;
7. einen visuellen Genuß, denn Mind-Maps sind schön, lassen sich leicht lesen und man kann sich leicht an sie erinnern oder darüber sinnieren.

Die Gesetze der Mind-Maps

1. Beginnen Sie in der Mitte eines weißen, unlinierten Blatt Papiers mit einem Bild des gewünschten Themas in mindestens drei verschiedenen Farben.
2. Sie sollten bei der gesamten Mind-Map soviel Bilder, Symbole, Kodes und räumliche Tiefe wie möglich benutzen.

3. Schreiben Sie Schlüsselworte in Druckschrift – mit großen oder kleinen Buchstaben.
4. Jedes Wort/Bild steht für sich und auf einer eigenen Linie.
5. Die Linien müssen miteinander verbunden und auf das zentrale Bild ausgerichtet sein. Im Zentrum sind die Linien dick, organisch und fließend und werden immer dünner, je weiter sie am Rand liegen.
6. Die Linien sollten genauso lang sein, wie das Wort/ Bild darüber.
7. Benutzen Sie durchgehend Farben – die Sie nach Ihren eigenen Wünschen kodieren.
8. Entwickeln Sie einen eigenen Stil.
9. Heben Sie die verschiedenen Themen hervor und zeigen Sie die Verbindungen auf.
10. Geben Sie der Mind-Map durch Konturen um bestimmte Verästelungen oder durch Ordnungszahlen eine klare Gestalt.

Wie man Mind-Maps erstellt

1. Benutzen Sie ein Blatt Papier in Querformat oder einen Mind-Map-Block.
2. Legen Sie sich eine Auswahl an Farb- und Filzstiften zurecht, dünne und dicke, bis hin zu Textmarkern, mit denen Sie Elemente hervorheben können.
3. Entscheiden Sie sich für ein Thema, Problem oder Motiv in Ihrer Mind-Map. Dieses bildet die zentrale Darstellung.
4. Sammeln Sie alle notwendigen Materialien oder zusätzliche Informationen, so daß die benötigte Information in Reichweite ist. Beginnen Sie nun mit dem Bild in der Mitte.
5. Bei DIN-A4 sollte das zentrale Bild drei Zentimeter und bei DIN-A3 zehn Zentimeter hoch und breit sein.
6. Das zentrale Bild sollte dreidimensional und ausdrucksstark sein, und Sie sollten mindestens drei Farben verwenden, damit es sowohl die Aufmerksamkeit auf sich lenkt als auch leicht erinnerlich ist.
7. Die Äste im Zentrum sollten dick, „wellenförmig" (organisch) und mit dem Zentralbild verbunden sein. Plazieren Sie die „strukturellen Grundideen" (SGI) oder Kapitelüberschriften auf diese Linien.

8. Dünnere Linien mit den dazugehörigen Daten verästeln sich vom Ende der Linie der entsprechenden SGIs.
9. Nutzen Sie Bilder, wo immer Sie können.
10. Die Linien sollten genauso lange sein, wie das Wort /Bild darüber.
11. Nutzen Sie eine eigene Farbkodierung, um Menschen, Themen, Bereiche, Termine miteinander zu verknüpfen und um die Mind-Map attraktiver zu gestalten.
12. Sammeln Sie all Ihre Ideen oder die, die andere beigetragen haben, und dann überarbeiten, reorganisieren, verschönern, verbessern oder arbeiten Sie eine zweite, fortgeschrittenere Version oder Betrachtungsweise aus.

Welche Schritte sollte ich nun unternehmen?

Sehen Sie sich folgende Anwendungsbereiche und Vorteile von Mind-Maps an:

Anwendungsbereich	Vorteile
1. Bildung/Lernen:	Senkt den Arbeitsaufwand; man studiert, wiederholt und macht gerne Examina; Vertrauen in die eigene Lernfähigkeit.
2. Übersicht:	Gesamtbild wird sichtbar, globale Übersicht; Verbindungsglieder und Verknüpfungen sind erkennbar.
3. Konzentration:	Konzentration auf das Thema zeitgt bessere Resultate.
4. Auswendig lernen:	Man erinnert sich leicht; „sieht" die Information vor dem inneren Auge.
5. Organisation:	Partys, Ferien, Projekte, usw. Sie erkennen den Sinn.
6. Präsentationen:	Vorträge sind klar und werden entspannt und lebendig vorgetragen; Sie können Ihr Bestes geben.
7. Kommunikation:	Klarheit und Präzision in allen Bereichen der Kommunikation.
8. Planung:	Führt alle Aspekte von Anfang bis Ende auf einem einzigen Blatt zusammen.

9. Meetings:	Von der Planung bis zur Tagesordnung, dem Vorsitz und dem Protokoll ... – Diese Aufgaben lassen sich schneller und effizienter durchführen.
10. Training:	Macht die Aufgabe leichter – von der Vorbereitung bis zur Präsentation.
11. Denken:	Die Mind-Map ist in jedem Stadium ein sichtbarer Bericht Ihres Denkens.
12. Verhandlungen:	Alle Themen, Ihre Position und die Spielräume sind auf einem einzigen Blatt.
13. *Brain-Blooming:*	Eine neue Form des Brainstormings, das zu mehr Gedanken inspiriert und sie entsprechend zugänglich macht. Oft nimmt man an: je mehr Ideen aufgeworfen werden, desto geringer sei ihre Qualität. Aber das Gegenteil ist wahr. Je mehr Ideen man aufwirft und je größer deren Menge, desto mehr steigt die Qualität. Dies ist eine Schlüsselerkenntnis beim Verständnis der eigenen Kreativität.
14. Vorträge:	Wenn Sie an einem Vortrag teilnehmen, erstellen Sie eine Mind-Map als visuelle Gedächtnisstütze.

Wenn Sie die oben erwähnten Vorteile von Mind-Maps näher untersuchen, erkennen Sie, daß Sie jene Probleme, die von den 40- bis 50jährigen aus allen Lebensbereichen zu den wichtigsten 20 gekürt wurden, zusammenhängend und wirkungsvoll angehen können.

Kapitel zehn

Einsteins Gleichung: eine neue Herausforderung

$$E = mc^2$$

Albert Einstein

Nun, da wir uns mit dem Schlüsselinstrument zur Intelligenzsteigerung befaßt haben, wollen wir uns einigen großen Genies zuwenden, die zwischen ihrem 40. und 90. Lebensjahr die gesamte Palette mentaler Fähigkeiten veranschaulichten, die man für geniales Denken und Handeln benötigt. Albert Einstein ist das beste Beispiel dafür.

Gegen Ende des Kapitels finden Sie eine Liste von Fähigkeiten, die es zu entwickeln gilt, wenn man seiner Intelligenz zur Blüte verhelfen will.

Brain Flash

Ist Genialität angeboren?

Einige allgemein anerkannte Theorien hinsichtlich Kreativität und Genialität – beispielsweise, daß manche Menschen als Genie geboren werden oder daß Genialität eine „Gabe Gottes" sei – sind ein Mythos.

Kurz vor seinem Tod bekannte Albert Einstein: „Ich bin mir ganz sicher, daß ich kein besonderes Talent habe. Ich habe meine Ideen meiner Neugierde, meiner Leidenschaft, endloser Ausdauer und nicht zuletzt gesunder Selbstkritik zu verdanken." Der Erfinder Thomas Edison bestätigt diese Sicht: „Genialität ist nichts Göttliches! Beharrlichkeit und Ausdauer, das macht einen zum Genie."

Auf dem Weg zur Genialität

Es gibt wohl kaum eine größere Ehre, denn die, als Genie betrachtet zu werden. Wir befassen uns nun mit einigen Schlüsseleigenschaften, die in der Vergangenheit zu solcher Anerkennung geführt haben. Zugleich stellen wir Ihnen eine neue Herausforderung: Können Sie sich – wie ein moderner Goethe – trainieren, um diese Fähigkeiten zu entwickeln?

Unsere Definition der Genialität enthält eine Reihe Charakteristika, die bei diesen Menschen im Überfluß vorhanden sind. Dazu gehören mentale und körperliche Kraft – auch körperbehinderte Genies finden die Kraft, ihre Bestrebungen und Ziele zu verwirklichen. Stephen Hawking beispielsweise, der geniale Physiker aus Cambridge, müßte, medizinisch betrachtet, schon vor 20 Jahren gestorben sein. Statt dessen ist er immer noch sehr lebendig und arbeitet daran, wie Newton und Einstein die Tiefen der Physik auszuloten.

Zur Definition der Genialität gehört auch die Erkenntnis von Wahrheit – viele Menschen verschwenden ihre Energie darauf, falschen Theorien oder Ideen nachzugehen. Außerdem gehört folgendes dazu: Liebe zur Aufgabe, der man sich stellt; Glaube, Vision, Verlangen, Engagement, Planung; die Fähigkeit, sich von Fehlern nicht entmutigen zu lassen; Fachkenntnisse; eine positive Einstellung; ein großes Vorstellungsvermögen, Mut und Kraft. Vergleichen Sie das doch einmal mit den Eigenschaften von Denksportmeistern, die wir in Kapitel sechs erläutert haben.

Als wir Dominic O'Brien 1993 bei der *Memoriade* beobachteten, sahen wir eine der größten mentalen Leistungen, die wir jemals erlebt haben. So erinnerte er sich zweimal völlig fehlerfrei an 100 gesprochene Zahlen (die mit einer Geschwindigkeit von einer Zahl pro zwei Sekunden vorgelesen wurden). Als wir das zum ersten Mal sahen, waren wir schockiert: wir hatten noch nie zuvor etwas Ähnliches gesehen und es fiel uns recht schwer, zu akzeptieren, daß es überhaupt möglich war. Wir hatten brillante Schachspieler, wie etwa Kasparow, beobachtet, der phänomenal kombinierte, aber was Dominic O'Brien hier erreichte, übertraf das bei weitem. Während der ersten *Memoriade* 1991 hatte er bereits beeindruckende Resultate erzielt, aber jetzt erinnerte er sich plötzlich an etwa 1.000 Zahlen, wo es zuvor noch 200 gewesen waren, oder an 15 Kartenspiele in einer Stunde, anstatt an zwei pro Stunde. Als wir das zum ersten Mal sahen, waren wir fassungslos und sind auch heute noch erstaunt.

Historisch gesehen, haben die Leistungen vieler Menschen uns beeindruckt. Hier nur einige Beispiele.

Erstaunliche Leistungen im Alter

Wir sind tief beeindruckt von Michelangelo, der im Alter von 63 Jahren mit dem Bau des St.-Peter-Doms in Rom begann, eine Aufgabe, die er mit großer Hingabe bis ins 89. Lebensjahr vollführte. Er hatte den Auftrag vom Papst erhalten und statt sich zu beklagen, daß er zu alt und zu müde sei, machte Michelangelo sich einfach ans Werk und schuf eines der schönsten künstlerischen und architektonischen Werke der Geschichte.

Bis ans Ende der Welt

Bei den Leistungen des großen Entdeckers Kolumbus wird eine Tatsache kaum erwähnt bzw. berücksichtigt, daß er nämlich der Erste war, der es wagte, lotrecht zur Küste ins offene Meer hinauszusegeln. Alle vorangehenden Entdecker befürchteten, daß sie den Weg zurück nicht mehr finden oder vom Rand der Erde hinabstürzen würden. Deshalb hatte niemand vor ihm den Atlantischen Ozean durchquert und den neuen Kontinent entdeckt. Seine wahrscheinlich einzigen Vorgänger in dieser Hinsicht waren polynesische Seefahrer, die auch das Land hinter sich ließen, dabei jedoch von Insel zu Insel fuhren und nicht, wie Kolumbus, im rechten Winkel zur Küste in See stachen. Kolumbus große Erkenntnis lag auch darin, daß er davon ausging, daß der Passatwind in beide Richtungen weht und so war er sicher, zu seinem Ausgangspunkt zurückzufinden. Kolumbus war 41 Jahre alt, als er seine erste transatlantische Reise antrat.

Brain Flash

Synaptische Verstärker

Sowohl Albert Einstein als auch Winston Churchill verstärkten ihre Synapsen ganz enorm, indem sie sich künstlerisch betätigten, was jedoch nichts mit ihrer normalen Arbeit zu tun hatte. Einstein spielte Geige, und Churchill malte Landschaften.

Der blinde Cisca

Cisca ist ein wichtiger Held für Ray Keene. Er kämpfte im 15. Jahrhundert als böhmischer General auf seiten der Engländer bei der Schlacht von Agincourt gegen die Franzosen. In einer späteren Schlacht verlor er ein Auge und erblindete, denn er hatte sein anderes Auge bereits verloren. Dennoch gewann er nach seinem 51. Lebensjahr zwölf weitere wichtige Schlachten gegen das Heilige Römische Reich, obwohl er es meist mit überlegenen Gegnern zu tun hatte. Seine Truppen (oft schlecht trainierte Landarbeiter und Bauern) waren der gegnerischen Armee zahlenmäßig meist mit etwa zehn zu eins unterlegen und dennoch gewannen sie Schlacht um Schlacht. Er hatte eine enorme Energie, und am Ende konnte nur die Pest ihn zu Fall bringen. Wenn man sich bewußt macht, daß Anfang unseres Jahrhunderts die durchschnittliche Lebenserwartung in Europa bei etwa 50 Jahren lag, dann war dies wohl eine außerordentliche Leistung.

Den Militärapparat in Ungewißheit wiegen

Der Naturwissenschaftler Werner Heisenberg ist berühmt wegen seiner Entdeckung der Unschärferelation. Etwas salopp ausgedrückt, ist es gemäß dieses Prinzips niemals wirklich möglich, alle Eigenschaften eines Atoms zu messen, da man in dem Maße, wie man beispielsweise seine Position genauer bestimmt, immer weniger über seine Geschwindigkeit wissen kann. Seine Einsicht bestand darin, daß diese Unschärfe nicht einer Schwäche der Meßapparatur oder der mathematischen Gleichungen entspringt, sondern daß es sich dabei um ein Naturgesetz handelt.

Das ist an sich bereits brillant, was uns jedoch außerdem bei Heisenberg erstaunte, war seine Rolle bei der Entwicklung von Atomwaffen im Zweiten Weltkrieg. Im Alter von 40 Jahren war er damals Deutschlands führender Experte in der Atomphysik, aber das Hitler-Regime erkannte seine Arbeit nicht an. Als jedoch klar wurde, daß Heisenberg Deutschland womöglich zu einer Atombombe verhelfen könnte, änderte sich diese Einstellung. Obwohl es ihm klar war, daß dieses Ziel durchaus im Rahmen der Möglichkeiten lag, überzeugte Heisenberg die Regierung unter dem Vorwand von allerlei technischen und praktischen Schwierigkeiten vom Gegenteil. Er konnte die sorgfältige Täuschung etwa vier Jahre lang fortsetzen – die Welt sähe heute wohl anders aus, wenn ihm dies nicht gelungen wäre.

Genialität läßt sich nicht an einem einzigen oder simplen Kriterium, wie beispielsweise einer linguistischen oder mathematischen Fähigkeit, festmachen. Die erwähnten Beispiele zeigen jedoch, wie beharrlich und ausdauernd diese Menschen ihre Ziele verfolgten. Sie konzentrierten sich auf ein einziges Ziel, und somit waren somit alle anderen Dinge zweitrangig. Motivation spielt deshalb eine Schlüsselrolle bei der Definition der Genialität. Alle Genies, deren Leben wir erforscht haben, waren sehr stark motiviert. Und eine weitere Einstellung scheint eine wichtige Rolle zu spielen: Sie betrachten den gesamten Planeten als einen gigantischen IQ-Test und genießen es, die Herausforderungen auf ihrem Weg zu meistern.

Wie Sie das Beste aus Ihren mentalen Fähigkeiten machen

Entscheiden Sie, was Sie tun wollen und wie wichtig Ihnen das ist, und stellen Sie anschließend fest, ob Sie ausreichend motiviert sind, es bis zum Ende durchzuführen. Das kann niemand anders für Sie feststellen – Sie müssen es schon selbst tun. Oft sind wir uns jedoch nicht sicher, was uns wirklich wichtig ist; es ist also eine gute Idee, eine Liste anzufertigen. Es wäre sogar eine bessere Idee, wie Ihnen sicherlich schon klar ist, eine farbige Mind-Map Ihrer Prioritäten zu erstellen. Sie sollte alle Dinge, die für Sie interessant sind, enthalten, und anschließend ordnen Sie sie nach ihrer Wichtigkeit.

Vielleicht beschließen Sie, daß Sie mehr Geld verdienen wollen und konzentrieren sich daher darauf, einen neuen Job zu finden, oder aber darauf, sich für Ihre bisherige Arbeit besser entlohnen zu lassen. Es könnte aber auch oberste Priorität für Sie haben, Ihren Urlaub mehr zu genießen, und Sie beschließen daher, eine Fremdsprache zu lernen oder ein bestimmtes Land näher zu erkunden, wodurch Sie ganz nebenbei auch noch Ihr Gehirn stimulieren. Die Möglichkeiten sind wohl endlos und werden je nach Person anders aussehen, aber Motivation bleibt immer der wichtigste Faktor. Sind sie genügend motiviert, eine bestimmte Sache zu tun, so wird sich alles fügen. Wer nicht motiviert ist, ist unkonzentriert und kann seine Energie nicht effektiv ausrichten.

Was Genies uns beibringen können

Erfolg fällt nicht vom Himmel, man muß planen und hart daran arbeiten. Bewunderung und das Verlangen, es diesem Menschen gleichzutun, ist ein weiterer wichtiger Faktor. Viele Künstlerkarrieren entsprechen etwa der folgenden Logik: „Ich will ein großer Künstler werden. X und Y sind große Künstler, und ich bewundere ihr Werk. Ich werde daher das Leben von X und Y studieren und versuchen, es ihnen gleichzutun." Machiavelli spricht in seinem Buch *Il Principe* von diesem Prinzip. Wenn einen etwas inspiriert, kopiert man es und geht dann darüber hinaus. Läßt man sich jedoch nicht inspirieren, kann man nichts erreichen. Zynismus ist der Feind jeglicher Genialität.

Herausforderungen: Ihre Liste

Dominic O'Brien widmete sich zum Beispiel dem Gedächtnis. In der Folge finden Sie eine Auswahl mentaler und körperlicher Bereiche und Fähigkeiten, die Sie als Ihre ganz persönliche Herausforderung annehmen können, um so Ihr Leben zu bereichern.

1. Mindmapping;
2. lernen und studieren (zum Beispiel Geschichte, Philosophie);
3. auswendig lernen;
4. mit hoher Geschwindigkeit lesen;
5. kreatives Denken;
6. Intelligenz – IQ;
7. Mathematik, Wissenschaft, Astronomie;
8. die Künste (zum Beispiel Musik, Tanz, Malerei);
9. Körperfähigkeiten und Sport;
10. Vokabular/Sprache;
11. Präsentation/Kommunikation;
12. Persönlichkeitsentwicklung;
13. Spiele und Denksport (zum Beispiel Schach, Dame, Bridge, Go, Scrabble);
14. Kampfkünste (zum Beispiel Aikido);
15. Reisen (Erkundung, Bergsteigen).

Nachdem Sie sich erst einmal mit diesen Vorschlägen befaßt haben, können Sie die hervorheben, die Sie interessieren und sie in der Reihenfolge aufschreiben, in der Sie daran arbeiten möchten:

1. _____
2. _____
3. _____
4. _____
5. _____

Oder noch besser, fertigen Sie eine entsprechende Mind-Map an.

Behalten Sie die Veränderungen und Fortschritte im Laufe der Jahre im Auge. Beobachten Sie Ihre Fortschritte! Es gibt in vielen Bereichen offizielle Bewertungen, anhand derer Sie Ihre Leistungen objektiv einschätzen können. Schachklubs veröffentlichen beispielsweise regelmäßig Rangordnungen, in den Kampfkünsten gibt es „Gürtel" und Dans"; die Buchautoren haben Titel und Rangordnungen auf dem Gebiet der Gedächtnisleistungen installiert; und so weiter…

Schreiben Sie an den *International Brain Club* oder werden Sie dort Mitglied (Adresse ab Seite 199), wenn Sie beispielsweise wissen wollen, wie Sie Kontakt zu Vereinen oder Organisationen aufnehmen können, die sich dem Gedächtnis, Denksport oder den Kampfkünsten widmen.

Neue Horizonte

Mit der Erweiterung unseres Wissens über den Planeten und das Universum erweitern sich auch unsere Möglichkeiten. Wir wissen heute, daß das menschliche Potential grenzenlos ist und daß in dem Maße, in dem unser Wissen wächst, auch unsere Kapazität größer wird, uns dieses Wissen einzuverleiben. Jenseits der persönlichen Meisterschaft auf einem bestimmten Gebiet winkt auch die Möglichkeit, uns genauso vielseitig zu entwickeln, wie Leonardo da Vinci, Michelangelo und Goethe dies taten.

Die Fähigkeit, Negatives in Positives zu verwandeln, ist ein weiteres Anzeichen für Genialität. Sie beinhaltet nicht nur, daß man sich auch in widrigen Umständen durchsetzt, sondern außerdem den bewußten Blick auf das Positive in offensichtlich schlimmen Umständen.

Jose Luis Borges, der berühmte argentinische Schriftsteller beispielsweise wurde blind, als er Mitte 50 war, und beschloß dann, Angelsächsisch zu lernen, was sein Leben enorm bereicherte. Und wir haben uns bereits mit den inspirierenden Beispielen von Stephen Hawking und Cisca befaßt.

Wir kommen immer wieder auf dieses Thema zurück: Viele Genies waren Überlebenskünstler und weigerten sich auch in den allerschwierigsten Momenten und Umständen, dies als etwas Negatives zu betrachten.

Aber wir wollen diese Sache nicht nur ernst betrachten: So sind wir beispielsweise große Fans der Serie *Star Trek*. In vielen Episoden befindet sich die Mannschaft der *Enterprise* in fürchterlichen Schwierigkeiten und die einzige Lösung besteht darin, sich den Ausweg herbeizudenken. Wie Spock es einmal ausdrückte, nachdem er eine lebensgefährliche Strahlendosis abbekommen hatte: „Alle Möglichkeiten sind offen."

Welche Schritte sollte ich nun unternehmen?

1. Wählen Sie ein Genie (oder mehrere) aus, für das Sie großes Interesse haben. Das könnte Leonardo da Vinci sein: wegen seiner Vielseitigkeit; Beethoven: wegen seiner Entschlossenheit und seines heroischen Verhaltens angesichts seiner zunehmenden Taubheit; oder auch Kolumbus: wegen seines Muts und seiner Überzeugungskraft.
2. Erstellen Sie eine Mind-Map dieses Genie (dieser Genies).
3. Wenden Sie das Gelernte auf Ihr Leben an.
4. Wählen Sie eine oder mehrere Fähigkeiten von der Liste auf Seite 133 und verpflichten Sie sich, auf diesem Gebiet Experte zu werden. Erstellen Sie zu Anfang eine Mind-Map, wie Sie vorgehen wollen.

Kapitel elf

Goldene Pilgerfahrt

Gelegentlich wird Menschen erst, wenn sie eine Mnemotechnik ge-
meistert haben, bewußt, daß sie ihre mentalen Prozesse tatsächlich
beherrschen und ändern können.

Hans Eysenck, IQ-Experte

In diesem Kapitel befassen wir uns eingehend mit der weit verbreite-
ten und wohl destruktivsten Täuschung, die die Menschheit bisher
entwickelt hat, daß nämlich das menschliche Gehirn mit zunehmendem Alter degeneriert, daß Gehirnzellen absterben und daß unsere
Leistungen in allen intellektuellen Bereichen – Gedächtnis, Kreativität, Mathematik und Sprache – nachlassen.

Gedächtnis

In diesem Buch betrachten wir unser Gedächtnis nicht als passiven
Speicher alltäglicher Daten – seien sie angenehm oder unangenehm –,
sondern als aktiven, konzentrierten Laserstrahl des Geistes, der uns
bei unseren Bemühungen hilft, mental auf dem laufenden zu bleiben.
Wenn Sie Ihr Gedächtnis trainieren (und wir haben uns in diesem Zusammenhang bereits mit dem dynamischen Einfluß der Mind-Maps
befaßt), dann stehen Ihnen die jeweils relevanten Informationen zur
Verfügung, so daß Sie neue Wissensgebiete erobern, Ihre Zeiteintei-
lung effizienter gestalten, wirksamere Präsentationen durchführen
können – kurz: zunehmend entschieden und kreativ denken und handeln können. In diesem Kapitel berichten wir über Schlüsselmomen-
te in der Entwicklungsgeschichte der Mnemotechnik und schildern einige erstaunliche Gedächtnisleistungen, die Sie bei Ihren Bemühungen inspirieren können.

Brain Flash

Alte Hunde

„... es fällt alten Hunden keineswegs schwer, neue Tricks zu lernen. Es fällt ihnen lediglich etwas schwerer, sich selbst davon zu überzeugen, daß es der Mühe wert ist."

Zunächst werfen wir einen Blick auf harte wissenschaftliche Fakten, die belegen, daß das Alter keinerlei meßbare Effekte auf unsere Gedächtnisleistungen hat, solange wir unsere Fähigkeiten anwenden und sie nicht verkommen lassen.

Wissenschaftliche Beweise für Gedächtnisverlust im Alter – oder das Gegenteil

Der vermeintliche altersbedingte Gedächtnisverlust sagt möglicherweise mehr über die Art und Weise, wie wir ältere Menschen betrachten, wie sie sich selbst sehen und wie wir sie in unseren Labors untersuchen, als darüber, ob unsere Gedächtnisleistungen im Alter tatsächlich nachlassen. Obwohl Testergebnisse bei älteren Menschen oftmals nahelegen, daß ihr Gedächtnis nicht mehr so viel leistet wie das jüngerer Leute, lassen diese Resultate jedoch zwei wichtige Faktoren außer acht: das Interesse und die zeitliche Begrenzung.

Richard Reystak befaßte sich in einem Kapitel über das Altern in seinem Buch *The Mind* (1988) insbesondere mit der abnehmenden Geschwindigkeit mentaler Informationsverarbeitung bei älteren Menschen. Dies wird jedoch auch von Faktoren verursacht, die oft übersehen und meist unterbewertet werden. In Labortests erhalten ältere Probanden nicht genügend Zeit, die Information aufzunehmen und sich daran zu erinnern. Reystak weist darauf hin, daß ältere Menschen, sofern man ihnen genügend Zeit läßt, oftmals ein Leistungsniveau erreichen, das sich von dem jüngerer Menschen nicht unterscheidet. Darüber hinaus deutet D. A. Walsh an, daß das Ausmaß an Interesse die Gedächtnisleistung maßgeblich beeinflussen kann. Er berichtet von einer Studie von B. Hulicka, in der die Teilnehmer bestehende Wörter mit unsinnigen Buchstaben verknüpfen und sich an diese Kombinationen erinnern sollten. Sie fand heraus, daß viele ältere Teilnehmer deshalb so schlecht abschnitten, weil sie sich weigerten, unsinnige Dinge zu lernen und der Meinung waren, die Aufgabe wäre „nicht der Mühe wert". Als sich die Aufgabe dahingehend änderte, daß Berufsnamen mit Nachnamen verknüpft werden sollten, schnitten ältere Menschen besser ab als jüngere. Walsh betont, daß Labortests oftmals als bedeutungslos erfahren werden und daher die Leistung älterer Menschen negativ beeinflussen, während als sinnvoll erfahrene Tests positiv wirken.

Eine weitere weitverbreitete Befürchtung betrifft das altersbedingte Absterben von Gehirnzellen. Bisher gibt es keine schlüssigen Beweise dafür, ob und gegebenenfalls wieviel Zellen mit zunehmendem Alter absterben und welche Gehirnareale beeinflußt werden. Man forscht in dieser Hinsicht jedoch womöglich in die falsche Richtung. Reystak stellt eine Reihe theoretischer Fragen, die in diesem Zusammenhang besonders wichtig sind. Er berichtet von einer Studie, in der die Blut- und Sauerstoffzufuhr zum Gehirn von gesunden 20jährigen und 70jährigen miteinander verglichen wurde. Falls es einen signifikanten Verlust an Gehirnzellen gäbe, müßte die Blut- und Sauerstoffzufuhr entsprechend sinken. Die Ergebnisse der Studie wiesen jedoch aus, daß es keine Unterschiede zwischen beiden Altersgruppen gibt.

Redundanz und Plastizität

Des weiteren weist Reystak darauf hin, daß, falls Gehirnzellen tatsächlich altersbedingt absterben, dieser Verlust von der Redundanz und Plastizität des Gehirns aufgefangen würde.

Redundanz beinhaltet, daß das Gehirn über mehr Neuronen verfügt als eigentlich nötig sind, so daß, auch wenn Gehirnzellen absterben, dies keinerlei Einfluß auf das beobachtete Verhalten hat. So kann beispielsweise eine bestimmte Gehirnregion geschädigt sein und trotzdem ohne Auswirkung auf das Verhalten bleiben. Plastizität bezieht sich auf die Tatsache, daß das Gehirn sich umstrukturieren kann. So kann der Schaden in einer bestimmten Gehirnregion dadurch aufgefangen werden, daß eine andere Region diese Funktion übernimmt. Das könnte nach Meinung Reystaks bewirken, daß ein eventueller altersbedingter Verlust von Gehirnzellen dazu führt, daß die übrigen Zellen besser funktionieren und sich mit mehr anderen Zellen verbinden. Dies alles führt zu dem Schluß, daß die fortgesetzte „Nutzung" des Gehirns (also das Entwickeln neuer Verbindungen) den eventuellen natürlichen Verlust von Gehirnzellen wettmacht.

Von Ratten und Verantwortung

Es gibt eine Menge Literatur darüber, wie stark das Gehirn sich durch Nutzung weiterentwickelt. Eine interessante und gewissermaßen amüsante Studie: A. Greenough (zitiert in Reystaks Buch) trainierte Ratten, sich mit einer ganz bestimmte Pfote Schokoladenkekse zu holen. Spätere Untersuchungen der Gehirnregion, die für die motorische Bewegungen dieser Pfote zuständig war, zeigten, daß sich im Vergleich zu untrainierten Ratten weit mehr synaptische Verbindungen geformt hatten.

Das Umfeld spielt auch bei der menschlichen Entwicklung eine wesentliche Rolle, wie Untersuchungen zeigen. K.W. Schaie (zitiert in Reystaks Buch) führte im Zeitraum von 20 Jahren eine Untersuchung bei 4.000 Menschen durch und belegte, daß ältere Menschen mit einem aktiven Sozialleben, die gesellschaftlich Verantwortung übernahmen und offen waren für neue Herausforderungen, diejenigen Probanden bei weitem übertrafen, die ein eher eingeschränktes Leben führten. Und nachdem Schaie die Hälfte der älteren Probanden bat, ihre räumlichen, numerischen und verbalen Fähigkeiten zu trainieren, verbesserte diese Gruppe ihre Leistungen noch weiter. Diese Studie läßt den Schluß zu, daß ältere Menschen ihre Gedächtnisleistungen durch Mnemotechniken ausbauen können.

Eine interessante Untersuchung über den Nutzen von Mnemotechniken bei älteren Menschen wurde 1982 von den Gerontologen E. A. Robertson-Tchabo, C. P. Hausman und D. Arenberg durchgeführt. In der ersten Phase der Untersuchung mußten die Probanden eine Reihe Worte auswendig lernen. Wie erwartet, fiel das anfangs schwer und die Gedächtnisleistungen waren gering. Dann wurde den Probanden eine bestimmte Mnemotechnik beigebracht, die ihnen beim Auswendiglernen der Listen helfen konnte. Dadurch stieg die Zahl der Worte, an die sich die Probanden erinnern konnten, signifikant. Einige Tage später, als sie erneut aufgefordert wurden, eine Liste auswendig zu lernen, ließ die Leistung wieder sehr zu wünschen übrig. Es zeigte sich, daß die Probanden nicht von selbst dazu übergingen, eine Mnemotechnik zu nutzen.

In der zweiten Phase der Untersuchung wurden die Teilnehmer in drei Gruppen aufgeteilt und mußten jeweils eine Mnemotechnik lernen und diese probeweise auf eine Liste anwenden. Im nachfolgenden Test wurde von allen drei Gruppen verlangt, eine Reihe Worte auswendig zu lernen. Gruppe I wurde gebeten, „die Methode anzuwenden, die wir in den letzten Tagen benutzt haben." Die Probanden in Gruppe II wurden gebeten, anhand der soeben gelernten Mnemotechnik Assoziationen zu formen und die Bilder verbal zu beschreiben. Die Gruppe III wurde nicht dazu angehalten, eine Mnemotechnik zu benutzen.

Die Resultate zeigten, daß die Probanden von Gruppe III sich an weniger Worte erinnerten als die der anderen Gruppen. Interessanterweise gab es zwischen Gruppe I und II keine signifikanten Unterschiede. Hieraus läßt sich schließen, daß Mnemotechniken zwar eine wirksame Gedächtnisstütze bieten, daß man aber lernen muß, wie man sie entwickelt und einsetzt.

Kein Gedächtnisverlust –
Aber: Was nicht benutzt wird, schwindet!

Die Forschung belegt somit die Überzeugung, daß Ihr Gedächtnis mit steigendem Alter nicht nachlassen muß. „Was nicht benutzt wird, schwindet" – dieser Satz beschreibt die Resultate der vorliegenden wissenschaftlichen Forschung ganz ausgezeichnet. Wenn Sie Ihre mentalen Fähigkeiten nutzen und erweitern, können Sie Ihr Leben lang neue mentale Verbindungen legen und Assoziationen knüpfen. Diese Resultate haben auch für das Geschäftsleben herausragende Bedeutung, denn nur allzu oft hält man „Senioren" für inkompetent, weil sie nicht mehr so schnell sind wie jüngere Mitarbeiter. Andererseits verfügen ältere Mitarbeiter über einen größeren Reichtum an Erfahrungen und Assoziationen und ein weit umfassenderes Potential als jüngeres und unerfahreneres Personal. Es ist ganz wesentlich, das eigene Gehirn und das Ihrer Mitarbeiter kontinuierlich vor neue Herausforderungen zu stellen, um sie weiterhin zu motivieren und in die Pflicht zu nehmen, und es ist wichtig, Älteren dabei mehr Zeit zu lassen. Bedenken Sie immer, daß auch diese Menschen noch „neue Tricks" lernen können, sofern sie die Relevanz einsehen, sie als „der Mühe wert" betrachten und motiviert sind.

Brain Flash

Denksportler erhalten Großmeisterstatus

Gedächtnistests und -leistungen sind die zweite Denksportart in der Geschichte der – die königliche Genehmigung zur Titelverleihung eines Großmeisters zuerkannt wurde. Das Schachspiel erhielt 1914 von Zar Nikolaus II. als erste Denksportart diese Ehrung, als dieser den damaligen fünf großen Schachmeistern Lasker, Capablanca, Alekhine, Tarrasch und Marshall den Großmeistertitel verlieh.

In einer formellen Zeremonie am 26. Oktober 1995, organisiert vom Brain Trust in Hanbury Manor im britischen Ware in Herfordshire, verlieh Prinz Philip von Liechtenstein Dominic O'Brien und seinem großen Rivalen Jonathan Hancock den Großmeistertitel für ihre Gedächtnisleistungen. Beide haben bisher als einzige den Weltmeistertitel gewonnen.

Das speziell für diese Gelegenheit entworfene Gedächtnissymbol kombiniert drei Elemente: den Hippocampus, der im Gehirn für das Gedächtnis zuständig ist; den Kopf des Springers, der das neue Symbol mit dem Schachspiel und anderen Denksportarten verbindet; und schließlich die Konstellation des Pferdekopfnebels, die an sich bereits eine Gedächtnisspur ist, da sie abbildet, was vor vielen Millionen Jahren in unserem Universum geschehen, aber für uns noch immer sichtbar ist.

Die Entdeckung der Grundregeln des Erinnerungsvermögens

In der mit dem Rhône-Poulenc-Preis für das wissenschaftliche Buch des Jahres preisgekrönten Monographie *The Making of Memory: from molecules to mind* berichtet Professor Steven Rose von der Entdeckung der Grundregeln des Erinnerungsvermögens durch den Dichter Simonides, der etwa 477 v. Chr. lebte.

Simonides' Geschichte wird erstmals im Werk *De Oratore* des römischen Schriftstellers und Politikers Cicero erwähnt, wo es heißt, daß Simonides den Auftrag hatte, ein lyrisches Gedicht zu Ehren des Edlen Skopas aus Thessaloniki vorzutragen. Das Gedicht war jedoch zum Leidwesen von Skopas auch ein Loblied auf die Zwillingsgötter Castor und Pollux, so daß dieser an Simonides nur die Hälfte des vereinbarten Honorars auszahlen wollte und ihm vorschlug, er solle sich den Rest doch bei den Zwillingsgöttern holen. Später beim Bankett wurde Simonides mitgeteilt, daß zwei Besucher draußen auf ihn warteten, und als er den Bankettsaal gerade verlassen hatte, brach das Dach zusammen und tötete alle Anwesenden. Das Gewicht der Steine war dabei so groß, daß ihre Körper bis zur Unkenntlichkeit entstellt waren. Die beiden jungen Männer, die Simonides zu sich gerufen hatten, waren natürlich Castor und Pollux, die sich an Skopas rächen und Simonides belohnen wollten.

Das bemerkenswerte an der Geschichte ist, daß Simonides die Körper auf Bitten der Hinterbliebenen identifizieren konnte, weil er sich an die Sitzordnung beim Bankett erinnerte. Durch diese Erfahrung erkannte Simonides die Grundregeln des Erinnerungsvermögens, als deren Entdecker er seither gilt. Er hatte entdeckt, daß die regelmäßige Anordnung von Objekten der Schlüssel zu einem guten Gedächtnis ist.

Dazu Cicero:

„Er folgerte, daß der Mensch, der diese Fähigkeit zu üben gedenkt, Orte auswählen und geistige Bilder der Dinge schaffen muß, an die er sich zu erinnern wünscht. Diese Bilder muß er an jenen Orten speichern, so daß deren örtliche Anordnung die Ordnung der Dinge beibehält und die Dinge die fraglichen Erinnerungsgegenstände symbolisieren. Wir sollten daher die Orte und Bilder benutzen wie eine wächserne Schreibtafel, auf der Buchstaben geschrieben sind."

Sophokles und die jüngere Generation

Sophokles (496–405 v. Chr.) gehört zu den ganz Großen des griechischen Dramas und verfaßte über hundert, meist satirische Stücke. Sein größtes Meisterwerk ist jedoch die Tragödie *Oedipus Tyrannus*, auf der Aristoteles seine ästhetische Theorie der Tragödie begründete und von der Freud den Namen und die Funktion des Ödipuskomplexes ableitete. Sophokles war darüber hinaus ein bedeutender Dichter und gewann 18mal den ersten Preis beim großen Fest des Dionysos, dem wichtigsten Poesiewettbewerb Griechenlands, der alle zwei Jahre in Athen stattfand.

Sophokles war jedoch bedeutend vielseitiger und Experte auf vielen Wissensgebieten. Neben seinen literarischen Leistungen war er unter anderem ein führendes Mitglied der Regierung Athens und kampferprobter General ihrer Armee. Auf heutige Umstände übertragen, wäre er als Bundestagsvorsitzender zugleich auch einer der besten Generäle und wichtigsten Schriftsteller Deutschlands.

Sophokles erreichte ein hohes Alter. Als er 80 Jahre war, beschuldigte sein Sohn ihn, daß seine geistigen Fähigkeiten nachließen. Darüber hinaus behauptete er, daß sein Vater nun nicht mehr fähig sei, sich vernünftig um die geschäftlichen und familiären Angelegenheiten zu kümmern und daß man sie daher in seine Hände legen sollte. Sophokles weigerte sich jedoch. Er war ein wohlhabender Mann und die Forderungen seines Sohnes hätten einen bedeuten Verlust an Reichtum, Macht und gesellschaftlichem Ansehen nach sich gezogen. Die Situation ließ sich auf freundschaftlichem Wege nicht mehr regeln, so daß der Sohn seinen Vater vor Gericht brachte, mit dem Ziel, in der Öffentlichkeit nachzuweisen, daß die geistigen Fähigkeiten seines Vaters nachgelassen hätten und er ihm deshalb die Kontrolle überlassen solle.

Sophokles führte seine eigene Verteidigung. Als der Fall eröffnet wurde, sagte er zum Richter, der die Verhandlung führte: „Hier ist das Manuskript einer Tragödie, die ich soeben geschrieben habe. Falls Sie an meinen geistigen Fähigkeiten zweifeln, so nehmen Sie sie an sich und ich werde sie in ihrer Gesamtheit vortragen." Seine Bitte wurde gewährt und als Sophokles zum zweiten Akt kam, ohne einen einzigen Fehler gemacht zu haben, beschloß das Gericht, den Fall niederzuschlagen.

Das Gedächtnistheater des Mittelalters

The Day the Universe Changed von James Burke ist ein wunderschönes Buch über die Entwicklung der Intelligenz und des Gedächtnisses. Es ist reich illustriert und eine angenehme Reise durch ein Zeitalter, in dem die Intelligenz geboren wurde. In der Folge fassen wir ein prägnantes und amüsantes Essay über bestimmte Mnemotechniken des Mittelalters zusammen, die auch heute noch gültig sind.

In einer Welt, in der wenige Menschen lesen konnten, hatte ein gutes Gedächtnis essentielle Bedeutung. Aus diesem Grund war der Reim, als nützliche Gedächtnisstütze, ein wesentliches Element der damaligen Literatur. Bis ins 14. Jahrhundert wurde fast alles, außer gesetzliche Dokumente, in Reimen verfaßt. Französische Kaufleute benutzten beispielsweise ein Gedicht in 137 rhythmischen Versen, in denen alle Regeln des Wirtschaftsrechnens enthalten waren.

Angesichts der hohen Kosten von Schreibmaterial, war ein gut durchtrainiertes Gedächtnis für Kaufleute wie Gelehrte von überragender Bedeutung. Dazu benutzten sie meist ein Hilfsmittel, das ursprünglich aus der Klassik stammt: *Ad Herennium* (zwischen 86 und 82 v. Chr. von einem unbekannten Rhetoriklehrer in Rom verfaßt und nach dessen Widmung an C. Herennius benannt). Dieses Werk galt im gesamten Mittelalter als das wichtigste und bekannteste Lehrmittel der Mnemotechnik.

Mit Hilfe der dort erwähnten Technik des „Gedächtnistheaters" war es möglich, große Mengen von Wissen im Gedächtnis abzuspeichern. Dabei sollte man sich das Material, das man auswendig lernen wollte, als einen bekannten Ort vorstellen. Das konnte zum Beispiel ein Gebäude sein. Wenn das Gebäude zu groß war, ging die Exaktheit verloren. War es zu klein, dann lagen die auswendig zu lernenden Elemente zu dicht beieinander, so daß man sich nicht mehr an die Einzelheiten erinnern konnte. Wenn es zu hell war, würde es das Gedächtnis blenden, und war es zu dunkel, so würde es das Material verdunkeln.

Jedes Element des Ortes sollte einen Meter vom nächsten entfernt liegen, so daß jedes wichtige „Erinnerungsstück" vom anderen isoliert war. War das Gedächtnistheater auf diese Weise vorbereitet, so bestand das Auswendiglernen darin, daß man einen geistigen Spaziergang durch das Gebäude machte. Die Route sollte logisch und gewohnt sein, damit man sich leicht und ganz natürlich an sie erinnerte. Nun war das Theater vorbereitet und man konnte das auswendig zu lernende Material an seinen individuellen Ort tragen.

Nützliche Übertreibungen

Das Material hatte die Form geistiger Bilder, die die verschiedenen Elemente darstellten, an die man sich erinnern wollte. Nach dem *Ad Herennium* waren kraftvolle oder übertriebene Bilder die besten, es galt also herauszufinden, wie man die betreffenden Daten entsprechend aufbereiten konnte. Die Bilder sollten witzig, grell, verziert, ungewöhnlich, unverschämt, usw. aussehen. Wenn man sich zum Beispiel an die Pikdame erinnern wollte, konnte man sich vorstellen, wie Königin Elisabeth einen Eispickel schwingt.

Diese Bilder dienten als „Agenten" des Gedächtnisses und sollten an bestimmte Komponenten des Materials erinnern. Mußte man sich beispielsweise an ein juristisches Argument erinnern, dann war eine dramatische Szene angebracht. An einem bestimmten Punkt auf der Reise durch das Gedächtnistheater würde dann diese Szene ausgelöst und abgespielt, so daß man sich an die Punkte erinnerte, an die sie einen erinnern sollten.

Die abgespeicherten Bilder konnten sich auch auf einzelne Worte, Wortreihen oder ganze Argumentationsketten beziehen. Onomatopoeia, die Verwendung von Worten, die so ähnlich klingen wie ihre Bedeutung, war in diesem Zusammenhang besonders hilfreich.

Der große mittelalterliche Theologe, der Heilige Thomas von Aquin, empfahl insbesondere die theatralische Verwendung von Bildern, wenn man sich an religiöse Angelegenheiten erinnern wollte. „All unser Wissen beruht auf Empfindungen", sagte er. Man konnte die Wahrheit mit Hilfe visueller Hilfsmittel erkennen.

Als Gemälde und Statuen die Kirchen zu füllen begannen, wurden dabei die Techniken des Gedächtnistheaters angewendet. Die Kirchenbilder nahmen die Form der „Agenten" an. Das Gemälde Giottos aus dem Jahr 1306 in der *Arena Kapelle* in Padua zeigt eine ganze Reihe Bilder, die wie ein Gedächtnistheater strukturiert sind. Die einzelnen Figuren oder Gruppen und der Platz im Gemälde stehen jeweils für biblische Geschichten, wobei die damals gerade entdeckte Technik der Perspektive eine zusätzliche Gedächtnisstütze bot. Die Kapelle ist somit ein mnemotechnischer Weg zur Erlösung. So wurden die Kathedralen zu enormen Gedächtnistheatern: gebaut, um den Gläubigen zu helfen, sich an die Einzelheiten von Himmel und Hölle zu erinnern.

Das Gedächtnistheater ist auch heute noch so wertvoll wie im Jahr 80 v. Chr. und wir empfehlen, daß Sie diese Technik in Kombination mit dem Mindmapping verwenden, um Ihre eigenen Gedächtnisleistungen zu steigern. Mind-Maps bieten ein besonders reiches Feld an Möglichkeiten, ein farbenprächtiges und grelles Nebeneinander von Dingen zu erstellen, an die Sie sich erinnern möchten.

Ein Leben als Dirigent

Der italienische Dirigent Arturo Toscanini (1867–1957) nutzte ein ähnliches System und demonstrierte dessen Möglichkeiten während seiner ganzen Karriere bis ins hohe Alter. Er gilt als einer der größten Orchesterdirigenten aller Zeiten. Über 60 Jahre lang, seit Mitte der 80er Jahre des vorigen Jahrhunderts, dirigierte er die weltbesten Orchester auf einzigartige Weise. Sein Debüt als Dirigent war sensationell: Er bildete gerade einen Cellisten aus, der sich 1886 auf Tournee mit einer Operngesellschaft in Brasilien befand, als man ihn im letzten Moment bat, den Taktstock eines inkompetenten, ortsansässigen Dirigenten zu übernehmen, da die italienischen Sänger seinetwegen in Streik getreten waren. Die parteiischen Zuhörer hatten dies jedoch als Affront aufgefaßt und den italienischen Ersatzdirigenten fortgejagt. Inmitten des entstandenen Aufruhrs bat man nun Toscanini, in die Bresche zu springen und das Publikum zu beruhigen – eine wohl für jeden Dirigenten schwierige Aufgabe. Aber sein überraschendes Debüt als 20jähriger führte bei der äußerst kritischen Presse von Rio de Janeiro zu Jubelkritiken und war noch aus einem anderen Grund bemerkenswert: Toscanini dirigierte das ganze Werk, Verdis *Aida*, ohne Partitur und hielt es auch in seiner gesamten Laufbahn so. Nach diesem ersten Triumph dirigierte Toscanini das Orchester natürlich auch während der restlichen Tournee.

Später bekannte er, daß er bei diesem ersten Mal einen Fehler gemacht hatte, aber das war die Ausnahme. Der Pianist und Komponist Ferruccio Busoni berichtete 1911:

> „Sein Gedächtnis wird für immer in die Annalen der Physiologie eingehen, aber es beeinträchtigt seine anderen Fähigkeiten keineswegs … Er hatte gerade Dukas' schwierige Partitur *Ariane et Barbe-bleu* studiert und wollte am nächsten Morgen die erste Probe durchführen – aus dem Gedächtnis!"

Sprichwörtliches Gedächtnis

Igor Strawinsky ist ein weiterer Zeuge für Toscaninis Fähigkeiten:

> „Es ist heute Mode, ein Orchester ohne Partitur zu dirigieren, und meist ist das nur Angeberei. An dieser scheinbaren *Tour de Force* ist nichts Besonderes … man riskiert wenig und mit ei-

nem Mindestmaß an Selbstsicherheit und Entspanntheit kommt man als Dirigent leicht damit durch. Denn es beweist ja nicht, daß man die Orchesterpartitur auch wirklich kennt. Im Falle Toscanini ist jedoch kein Zweifel möglich. Sein Gedächtnis ist sprichwörtlich; ihm entgeht kein Detail, wie man bei seinen Orchesterproben ohne weiteres beobachten kann."

Die Berichte dieser beiden Koryphäen werden von vielen anderen Geschichten über Toscaninis phänomenales Gedächtnis bestätigt. Ein berühmtes Beispiel dafür: Als das Symphonieorchester des NBC kurz vor der Aufnahme des Prologs zu Boitos *Mefistofle* entdeckte, daß die Partituren für die Backstage-Band verloren gegangen waren, setzte Toscanini sich einfach hin und schrieb sie aus dem Gedächtnis auf.

Augensignale

Aber warum dirigierte Toscanini überhaupt, ohne auf eine Partitur zu blicken? Sicherlich auch, weil es ihm leicht fiel, sich daran zu erinnern, und vielleicht auch wegen seiner Kurzsichtigkeit, aber sehr viel wichtiger war sicherlich, daß er sich so besser auf das Orchester und seine Musik konzentrieren konnte und nicht auf die Partitur achten mußte. Dirigenten teilen sich den Musikern nicht nur über die Hände, sondern auch über die Augen mit, und auch Toscanini wollte seinem Orchester auf diesem Weg wichtige Botschaften vermitteln. Auch bei Präsentationen oder Vorträgen ist der Augenkontakt mit dem Publikum ganz wesentlich …

Toscanini speicherte die Partituren nicht wie ein Papagei in seinem Gedächtnis, sondern er hatte eine sehr klare Vorstellung davon, wie die Musik zu klingen hatte und verfeinerte das noch dadurch, daß er auch die bekanntesten Stücke vor einer Darbietung eingehend studierte. Dieser absoluten Hingabe und seiner unvergleichlichen musikalischen Meisterschaft ist es zu verdanken, daß er für einige der schönsten musikalischen Darbietungen des 20. Jahrhunderts verantwortlich ist, wobei er immer ein bescheidener Mann blieb: „Ich bin kein Genie. Ich habe nichts geschaffen. Ich spiele Musik, die von anderen stammt. Ich bin nur ein Musiker."

Toscanini lehnte den Gedanken ab, daß man ein Werk mit der vollkommenen Darbietung auch interpretiere:

„Ich habe Menschen oft über die Eroica des Dirigenten X, den Siegfried des Dirigenten Y und die Aida des Dirigenten Z reden hören. Und ich habe mich oft gefragt, was Beethoven, Wagner und Verdi über die Interpretation dieser Herren gesagt hätten – ihre Werke scheinen ja nun plötzlich von anderen verfaßt zu sein. Wenn man jedoch die Eroica, den Siegfried oder die Aida dirigiert, sollte man sich so tief wie möglich in den Geist des Komponisten versetzen und nur gewillt sein, die Eroica von Beethoven, den Siegfried von Wagner und die Aida von Verdi zu geben."

Toscanini war äußerst vielseitig: Er dirigierte nicht nur Beethoven, Wagner, Verdi und andere arrivierte Komponisten. Bereits in seinen frühen Dirigentenjahren leitete er die Weltpremiere solch berühmter Werke wie Leoncavallos *I Pagliacci* oder Puccinis *La Bohème* und dirigierte in seinen späteren Jahren Werke von Strauss, Debussy und Sibelius.

Massenspeicher

Gegen Ende seiner Laufbahn (auch mit 85 Jahren war er noch recht aktiv) schätzte man, daß Toscanini 250 symphonische Werke, 100 Opern und zahllose Kammermusikstücke und Lieder in seinem Gedächtnis gespeichert hatte. In hohem Alter wurde er einmal herausgefordert, sich an einige seiner eigenen jugendlichen Kompositionen zu erinnern, die er 60 bis 70 Jahre zuvor geschrieben und seither nicht mehr angesehen hatte. Mit einigen wenigen Fehlern erinnerte er sich vollkommen daran, einschließlich ihrer Texte. Wir werden bald erläutern, wie Sir Georg Solti die Rekorde seines einstigen Lehrers übertreffen möchte.

Dominic O'Brien

Wir sind dem dreimaligen Gedächtnisweltmeister in Kapitel sechs bereits begegnet, wo wir auch seine Leistungen als Gewinner der *Brain Trust*-Auszeichnung „Gehirn des Jahres" kurz erwähnten.

In einem Alter (seinen späten 30ern), von dem die wissenschaftliche Welt behauptet, man könne keine großen kreativen Dinge mehr erwarten, beschloß O'Brien, eine völlig neue Fähigkeit und Disziplin zu erlernen und zu meistern – sein Gedächtnis. Innerhalb von sieben

Jahren hat er es zum zweifachen Gedächtnisweltmeister gebracht, sich den Siegeskranz bei den Weltmeisterschaften im Memory-Spiel geholt, zwei Bücher über das Gedächtnis geschrieben und kürzlich eine weitere außerordentliche Leistung vollbracht, als er unter Wettkampfbedingungen in nur einer Stunde 15 Kartenspiele fehlerfrei auswendig lernte!

Er stellte diesen Rekord am 21. April 1995 beim *Festival of Mind* in der *Royal Albert Hall* in London auf.

„Ich plane, im Alter von 95 meine Höchstleistung zu erbringen!"

O'Brien begann sich Anfang 1988 für die Leistungen des Gedächtnisses zu interessieren, als er den Gedächtnisexperten Creighton Carvello in der Fernsehsendung *Record Breakers* ein Kartenspiel auswendig lernen sah. Fasziniert nahm er ein Kartenspiel und begann, seine eigene Mnemotechnik zu entwickeln. Sein erster Versuch war weit davon entfernt, etwas Besonderes zu sein: Er brauchte 26 Minuten und machte 11 Fehler. Er war jedoch beharrlich und es dauerte nicht lange, da konnte er sich nicht nur an ein Kartenspiel, sondern an mehrere erinnern. Im Juni 1988 erzielte er seinen ersten Rekord mit sechs Kartenspielen im *County Sound Radio* in Guilford.

Der Film *Rain Man*, in dem Dustin Hoffman einen autistischen jungen Mann spielt, der ein phänomenales Gedächtnis hat, inspirierte O'Brien weiter. In einer Szene des Films benutzt Hoffman sein Talent, um seinem Bruder (gespielt von Tom Cruise) zu helfen, einen Blackjack-Tisch in Las Vegas abzuräumen. O'Brien sah dies als potentiell lukrative Möglichkeit, sein Talent einzusetzen und verbrachte sechs Monate damit, dieses Kartenspiel zu analysieren und seine eigene Erfolgsstrategie zu entwickeln. Leider trocknete diese Verdienstquelle nach nicht allzu langer Zeit wieder aus. Den Kasinos sind Mnemotechniken natürlich bekannt und O'Brien hat daher in den meisten Spielbanken Hausverbot.

1991 nahm er an der allerersten Gedächtnisweltmeisterschaft teil, die im *Athenaeum Club* in London abgehalten und von den beiden Autoren dieses Buches organisiert worden war. Beim Finale saßen die Teilnehmer einander gegenüber und bekamen Kartenspiele. Zu Dominic O'Briens Linken saß Creighton Carvello (früher Krankenpfleger), der ihn zu seiner Laufbahn inspiriert hatte. O'Brien begann mit dem Austeilen und drehte die Karten immer schneller um, bis

Creighton seine Konzentration verlor. O'Brien gewann den Meister-titel.

O'Brien hält das Potential des menschlichen Gedächtnisses für un-begrenzt und hat seine Rekorde bisher immer wieder verbessert oder neue beeindruckende Leistungen erbracht, zum Beispiel: Er lernte ein Kartenspiel in 55 Sekunden auswendig; er hat sogar einmal 35 Kar-tenspiele in seinem Gedächtnis abgespeichert (dazu brauchte er 13 Stunden) oder alle Fragen von *Trivial Pursuit*.

Die mathematische Zahl Pi (Verhältnis des Kreisumfangs zum Ra-dius) fasziniert die Mathematiker schon seit Jahrtausenden. Die Zahl Pi, deren erste Ziffern 3,14159265… lauten, ist eine transzendente Zahl und das bedeutet, daß sie sich endlos fortsetzt, ohne jemals eine bestimmte Zahlensequenz zu wiederholen. Sie ist daher auch ein aus-gezeichnetes Mittel für Gedächtnistests. O'Brien plant gegenwärtig einen Angriff auf die ersten 50.000 Zahlen von Pi. Das ist eine phä-nomenale Informationsmenge, denn allein schon, wenn man eine Zahl pro Sekunde laut vorlesen würde, bräuchte man 14 Stunden dazu. Dennoch ist O'Brien sicher, daß er diese Menge in nur zwei Wochen auswendig lernen kann.

Brain Flash

Gedächtnistraining: Heilung für ein blockiertes Gehirn

O'Briens Leistungen können jedem, der sein Gehirn auf effiziente-re Art und Weise einsetzen will, als Quelle der Inspiration dienen. In einem Zeitalter motorisierter Fortbewegung mag es keine sozial relevante Fähigkeit sein, schnell von einem Ort zum anderen zu rennen, aber das hält uns nicht davon ab, uns fit zu halten oder Athleten und ihre Leistungen zu bewundern. Jeder, der glaubt, sein Gehirn ließe ein wenig nach und dem beispielsweise der Gedanke, eine neue Sprache zu lernen, ein wenig Angst macht, sollte sich von O'Brien inspirieren lassen. Das Gedächtnis zu trainieren ist wie Aerobic für den Geist und insbesondere mit zunehmendem Alter außerordentlich wichtig, wenn nicht gar unerläßlich.

Welche Schritte sollte ich nun unternehmen?

1. Denken Sie über das mittelalterliche Gedächtnistheater und klassische Mnemotechniken, wie das in diesem Kapitel geschilderte römische Gebäude, nach.
2. Nutzen Sie den bunten, beeindruckenden, visuellen Effekt der Mind-Maps, um sich an wichtige Listen, Ideen und Fakten zu erinnern.
3. Beginnen Sie damit, sich bewußt darum zu bemühen, sich an die Namen der Leute zu erinnern, denen Sie auf Meetings oder Partys vorgestellt werden. Versuchen Sie das Aussehen der Person mit ihrem Namen zu verbinden, oder nutzen Sie ein herausragendes Merkmal als Gedächtnisstütze.
4. Lernen Sie anschließend Informationen aus Büchern auswendig, widmen Sie sich neuen Denksportarten oder Sprachen und steigern Sie nach und nach Ihre Ambitionen!

Kapitel zwölf

Der langlebige Phönix

„Wenn ich mein Leben noch einmal neu leben müßte, würde ich es mir zur Regel machen, mindestens einmal pro Woche Poesie zu lesen oder Musik zu hören, denn dann wären jene Teile meines Gehirns vielleicht nicht verkümmert, sondern durch Nutzung aktiv geblieben."

Charles Darwin

Wir haben uns bisher mit der Theorie, Physiologie und Philosophie zunehmender Leistungen des Gehirns im Alter befaßt, haben Sie vor verschiedene Herausforderungen gestellt und Ihnen Anregungen gegeben, die Sie auf Ihrem Weg unterstützen können. Jetzt wollen wir uns dem Beispiel von Menschen zuwenden, die sich selbst herausfordern, und außerdem Zeitgenossen skizzieren, die über keine besonderen Vorteile im Leben verfügten, die sich aber dennoch in späteren Jahren neuen Herausforderungen gestellt haben. Damit förderten sie insbesondere die Zunahme synaptischer Verbindungen (siehe Kapitel vier) und blieben rege.

In einigen Fällen handelt es sich um Menschen, die bereits viel erreicht hatten und in anderen um Leute, die sich darauf vorbereiteten,

---

Brain Flash

Die mit 85 Jahren immer noch davonrasen

Die Times *berichtete am 22. Juli 1995, daß der 85jährige Arthur Welstead auf seiner 350er Yamaha immer noch mit 100 Stundenkilometer über die Straßen fährt.*

Derweil erreichte Edward Newsom einen britischen Rekord: Er ist mit 104 Jahren Großbritanniens ältester Autofahrer und fährt jeden Morgen mit seinem Ford Escort ins Büro.

ihr eigenes goldenes Zeitalter zu lancieren. In diesem Kapitel vermeiden wir absichtlich historische Genies, intellektuelle Superstars und ähnliche Menschen, um nachzuweisen, daß jeder seine Fähigkeiten mit der von uns skizzierten Strategie substantiell erweitern kann.

Abtrünnige von der Norm

Wenn man einmal kurz darüber nachdenkt, dann fallen jedem von uns sicherlich Personen ein, die die Klischees über ältere Menschen widerlegen. Diese Menschen, die wir hier „Abtrünnige von der Norm" nennen, sind intelligent, aktiv, ambitioniert, neugierig, anregend, und es macht meistens Spaß, mit ihnen zusammenzusein. Und sie sind tatsächlich abtrünnig, denn sie haben es geschafft, dem allgemeinen mentalen Niedergang zu entrinnen.

In diesem Kapitel skizzieren wir nicht nur Beispiele von Menschen, die sich weigern, „nachzulassen", sondern zeigen auch die Maßnahmen jüngerer Leute, die sich auf wahrhaft goethische Weise selbst fordern und somit eine effektive Abwehr gegen die anstürmenden Jahre entwickeln. Dazu gehört unter anderem: weit über das Rentenalter hinaus eine ganz neue Laufbahn zu beginnen, der Erwerb erstaunlicher mentaler Fähigkeiten, das Streben nach künstlerischen Höchstleistungen, und auf der persönlichen Ebene, sich außergewöhnlichen Herausforderungen zu stellen, was die mentale und körperliche Ausdauer betrifft. Zu letzterem gehören beispielsweise die Pläne eines britischen Geschäftsmannes, der weit über 40 ist, den Mount Everest zu besteigen und zum Nordpol zu laufen.

Großmeister Ray Keene (beim Schreiben dieses Buches 47 Jahre alt) erweitert beispielsweise seine mentalen Fähigkeiten regelmäßig (mindestens zweimal monatlich) dadurch, daß er mit bis zu 40 Gegnern gleichzeitig Schach spielt. Seine Gegner bei solchen Gelegenheiten sind nicht schwach, sondern es nehmen immer auch einige ehemalige britische Meister teil sowie Spieler, die einen internationalen Meistertitel innehaben. Ray Keenes Bestleistung bisher (seiner Meinung nach ein Weltpunkte-/Geschwindigkeitsrekord) war es, in drei Stunden 101 Spiele zu gewinnen und dabei nur fünf Remis und eine Niederlage hinnehmen zu müssen. Nach solchen Leistungen beeindruckt er außerdem dadurch, daß er allen Spielern all ihre Spielzüge aus dem Gedächtnis zeigen kann.

Um beim Denksport (nur eine von vielen Möglichkeiten) zu bleiben: Tony Buzan hat sich selbst im Alter von 53 vor die Aufgabe gestellt, das äußerst schwierige und komplizierte japanische Brettspiel Go zu lernen. Statistiker haben berechnet, daß Go bedeutend verzwickter ist als Schach, wenn man die riesige Zahl möglicher Spielzüge berücksichtigt. Aber im relativ kurzen Zeitraum von acht Monaten hatte Tony 1995 ein Spielniveau erreicht, das nicht mehr weit vom schwarzen Gürtel entfernt war und das es ihm erlaubte, westliche Meister und japanische Spieler mit dem ersten Dan ernsthaft herauszufordern zu können.

Nun also zu Personen, die sich in vielerlei Bereichen selbst herausfordern und neu erfinden, wie der mythische Vogel Phönix. Mit zunehmendem Alter erhalten und steigern diese Menschen ihre mentale Fitneß, Energie und Aufmerksamkeit.

Frank Felberbaum (58 Jahre)

Als wir dieses Kapitel schrieben, sprachen wir mit einem internationalen Gedächtnisstar: Frank Felberbaum von der *Felberbaum Consulting Group Inc. Memory Training Systems.* Hier nun einige seiner Gedanken über das alternde Gehirn, und wie es ihn beeinflußt und was er tut, um sich im Rahmen eines kontinuierlichen Trainingsprogramms immer wieder erneut zu fordern:

1. Wenn man altert, kann man sein Gehirn genauso erweitern wie ein Unternehmen.
2. Das alternde Gehirn liebt neue und exotische Dinge. Ein Abtrünniger von der Norm ist jemand, der sich leicht an veränderte Umstände anpaßt, gerne neue Dinge lernt und es genießt, neue Orte zu besuchen. Manchmal führt das Zusammenleben mit jemandem, der diese Eigenschaften aufweist, zu den gleichen heilsamen Resultaten.
3. Damit man Erfolg im geschäftlichen und persönlichen Leben hat, muß man Verbindungen haben, und genauso muß das Gehirn Verbindungen schaffen, um auch in steigendem Alter erfolgreich zu bleiben.
4. Das Erinnerungsvermögen ist ein bewußter, aktiver und kreativer Prozeß. Wenn wir diesen Prozeß beherrschen, können wir auch un-

ser Gedächtnis beherrschen und damit unser Gehirn jung und vital halten.

5. Wir müssen uns mental bisweilen mit Absurditäten schocken, auch wenn wir immer nach dem Bekannten streben. Sich ändern ist schwierig, aber absolut notwendig, damit man überlebt und das Älterwerden genießen kann.

6. Wenn ein junger Mensch Fehler macht, wenn er sich an etwas erinnern soll, dann wird dies meist auf die Informationsflut zurückgeführt, der er ausgesetzt ist. Macht jedoch ein älterer Mensch einen solchen Fehler, wird dies meist mit seinem Alter in Zusammenhang gebracht. In den meisten Fällen braucht ein älterer Mensch einfach nur ein bißchen mehr Zeit, um mit der gleichen Präzision wie junge Leute antworten zu können.

Die oben erwähnten Punkte zeigen, weshalb ich den Eindruck habe, daß das Gehirn und das Gedächtnis mit zunehmendem Alter immer besser funktionieren. Was folgt, hat mir persönlich dabei geholfen, meine Leistung in dieser Hinsicht zu verbessern.

Da ich fortwährend Tausende von Managern, Vertretern und Mitarbeitern in vielen hundert Organisationen trainiere, ist mir die Rolle unseres Gehirns und Gedächtnisse und wie und warum es so funktioniert, wie es das tut, andauernd präsent.

Ich befasse mich immer wieder mit den Methoden und Techniken, die ich benutze, um mein eigenes Erinnerungsvermögen und das der Teilnehmer an meinen Gedächtnistrainingsseminaren erfolgreich zu erweitern. Mein Verstand ist messerscharf! Ich bin seit über 28 Jahren in der geschäftlichen Arena des Gedächtnistrainings beschäftigt und habe in all dieser Zeit den Gipfel noch nicht erreicht. Ich habe mein Gehirn und Erinnerungsvermögen trainiert und immer neue Herausforderungen gesucht, um neue und anregende Ideen, Konzepte und Fähigkeiten zu erwerben. Mein Hauptanliegen ist es dabei immer gewesen, sowohl für meine Klienten als auch für mich zu gewährleisten, daß Geschäftsinformationen nicht verloren gehen – daher heißt mein Trainingsprogramm auch Business of Memory. Das, was man im Laufe eines Lebens lernen kann und die Energie, die man dazu braucht, ist schlicht zu wertvoll, als daß man dies so einfach in der Versenkung verschwinden lassen sollte. Mit einem unlöschbaren Durst nach neuem Wissen über das Gehirn und das Gedächtnis verarbeite ich alles, was mir auf meinem Weg in dieser Hinsicht begegnet. Ich freue mich jeden Morgen darauf, zu denken, zu lernen und zu lehren."

Brain Flash

Ur-Urgroßmutter schwimmt Weltrekord

Mary Maina sprang ins Chandler Schwimmbad in Brisbane und schwamm unter Begleitung einer applaudierenden Fangemeinde einen neuen Weltrekord im 50-Meter-Freistil in 5 Minuten und 12,34 Sekunden. Vor zwei Wochen feierte „Marvelous Mary", wie ihre Freunde sie nennen, ihren 101. Geburtstag.

Sie war die schnellste Schwimmerin in der Altersgruppe von 100 bis 104 Jahren und kraulte als einzige Teilnehmerin für diese Altersklasse ins Ziel. „Ich bin ganz froh, daß es vorbei ist. Ich war fest entschlossen, es bis zum Ende zu schaffen", sagte Maina, eine von 23.000 Teilnehmern an der Weltmeisterschaft aus 71 Ländern. Maina steht damit, als schnellste ihrer Altersklasse, auf einer Stufe mit Kieren Perkins, Australiens großartiger Langstreckenschwimmerin, und das, auch wenn diese als Weltrekordhalterin für 400, 800 und 1.500 Meter wahrscheinlich ohne weiteres 500 Meter in der Zeit geschwommen hätte, die Maina für 50 Meter brauchte. Mary Maina aus dem australischen Queensland, die bereits 12 Ur-Urenkel hat, begann als 60jährige in ihrer Freizeit zu schwimmen und konnte dem sportlichen Wettkampf widerstehen, bis sie heute ihren Rekord setzte.

Die Frau, die als älteste Australierin einen Herzschrittmacher eingepflanzt bekam, brachte – für den Fall einer Dopingkontrolle – ein Schreiben ihres Hausarztes mit, in dem ihre Medikamente aufgelistet waren.

Die Toveys

Brian und Mary Tovey (eigentlich Sir Brian und Lady Tovey korrekterweise) sind ein gutes Beispiel dafür, was Menschen, die nach heutigen Normen schon längst „im Ruhestand" sein müßten, wirklich leisten können.

Neue Laufbahn – Alter: 57 Jahre

Brian Tovey war 33 Jahre lang Beamter, die letzten fünf Jahre davon Direktor des GCHQ (das *Government Communications Headquarter* oder, wie die Presse es gern nennt, „die Spionageküche in Cheltenham"). Im Alter von 57 Jahren wechselte er zur *Plessey Company* und begann eine Laufbahn, bei der er nicht nur völlig neue und unbekannte Informationen lernen, sondern auch ganz neue und anspruchsvolle Fähigkeiten erwerben mußte. („Bevor ich zu Plessey kam, hatte ich nicht einmal Ahnung davon, wie man Wirtschaftsdaten liest. Bei Plessey lernte ich außerdem, wie man eine riesige Palette wesentlicher Geschäftskonzepte anwendet.")

Ein ganz neuer Anfang

Im Alter von 62 verließ er die Firma und gründete mit der begeisterten Unterstützung seiner Frau (über sie gleich mehr) eine Beratungsfirma, *Cresswell Associates Ltd.*, mit dem Ziel, Unternehmen in ihren Beziehungen zur Bürokratie in England und Brüssel zu unterstützen. Und erneut mußten neue Ideen, neues Wissen und neue Einstellungen erworben werden... in einem Alter, in dem nicht wenige Zeitgenossen Brian empfehlen würden, „seine Sachen an den Nagel zu hängen" (ein Rat, mit dem man höchstens einen Sarg basteln kann, meint Brian). Die Firma wächst seither Jahr um Jahr, der Umsatz und Gewinn steigen (trotz Rezession), und auf der Kundenliste befinden sich inzwischen auch zwei multinationale Unternehmen und viele kleinere Firmen. Sir Brian, inzwischen 70, ist nicht nur Direktor seiner eigenen Firma, sondern *Deputy Chairman* einer weiteren Firma und (Ehren-) Präsident der *Federation of Electronics Industry*. Von wegen, an den Nagel hängen!

Tausendsassa

Lady Tovey hat einen ähnlichen Punkt erreicht, aber auf anderem Wege. Nach ihrer Ausbildung, die nicht besser als ausreichend bezeichnet genannt werden kann, begab sie sich mit Begeisterung und Engagement in die Geschäftswelt und arbeitete unter anderem einige Zeit lang bei der britischen Botschaft in Washington.

Ein Jahr vor ihrer Hochzeit half sie Brian bei der Gründung von *Cresswell Associates*, deren *Managing Director* sie gegenwärtig ist, verantwortlich für den Unternehmensbereich „Persönliches Entwick-

Brain Flash

Weisheit im Gericht

Frederic Lawton sagt, es sei falsch, Richter über 65 Jahre auszubooten. Je älter der Richter ist, desto besser ist er wahrscheinlich.

„Es ist schon fast ein geflügeltes Wort unter Richtern, daß man in den ersten fünf Jahren nach seiner Berufung als Richter kaum etwas von seiner Aufgabe versteht und daß man die darauffolgenden fünf Jahre zwar glaubt, viel zu wissen – aber dem ist nicht so. Erst nach etwa zehn Jahren kann man annehmen, wirklich kompetent zu sein. Da Richter im Schnitt mit etwa 50 Jahren berufen werden, sind sie erst mit etwa 60 Jahren wirklich kompetent und nur fünf Jahre von ihrer Pensionierung entfernt.

Der gewissenhafte Richter – und die meisten sind das – ist sich bewußt, daß er an jedem Sitzungstag etwas dazulernt. Er hört nie auf zu lernen. Immer wieder sagt er sich, nachdem er ein Urteil gesprochen hat, mit dem er nicht ganz zufrieden ist: „Das werde ich nie wieder tun.“ Im Laufe der Jahre speichert er in seiner Erinnerung immer mehr juristische „nie-Wieders“. Vorausgesetzt, ein Richter erfreut sich guter Gesundheit – vor allem mentaler Gesundheit –, so wird er mit zunehmendem Alter ein immer besserer Richter. Die beiden besten Richter, denen ich in meinem Berufsleben begegnet bin, Lord Reid und Lord Denning, fällten ihre besten Urteile, als sie schon weit über 70 waren. Was für ein Verlust für die Jurisprudenz wäre es gewesen, hätte man diese beiden Richter bereits mit 65 in den Ruhestand geschickt.

Als Richter beim Appellationsgericht hatte ich das Privileg, mit Lord Denning zu arbeiten. Ich selbst war 60 Jahre alt, als ich ans Appellationsgericht berufen wurde, nachdem ich bereits elf Jahre das Richteramt ausgeübt hatte. Lord Denning war etwa 68 Jahre. Jedesmal, wenn ich gemeinsam mit ihm arbeitete, lernte ich dazu.“

Sir Frederic Lawton war von 1972 bis 1986 Appellationsrichter.

lungstraining" (Mindmapping, Mnemotechniken, Hochgeschwindigkeitslesen, etc.) und für den Bereich „Finanzen und Verwaltung."

Als ob das noch nicht ausreichte, verwaltet sie außerdem noch den
Brain Trust, der, wie bereits erwähnt, ein Wohltätigkeitsverein ist und
als solcher Programme unterstützt, die das Ziel haben, mentale Fähigkeiten zu erweitern. In dieser Tätigkeit hat sie die wesentlichen Geld-
sammelaktionen organisiert, wie das bereits erwähnte *Festival of
Mind* in der *Royal Albert Hall* in London. All das im Alter von … –
doch Damen verraten normalerweise ihr Alter nicht, und Mary sieht
aus und gibt sich wie eine 30jährige, aber sie hat faktisch gerade ihr
erstes halbes Jahrhundert hinter sich gebracht, eine Tatsache, die man
erst glaubt, wenn man ihre Gedankentiefe, Reife und Weisheit und ihr
immenses Allgemeinwissen kennenlernt. Eine wahrhaft Abtrünnige
von der Norm.

Perlen der Zeit

Bleibt nur noch hinzuzufügen, daß Mary und Brian außerdem eine
ganze Reihe kultureller Interessen verfolgen, unter anderem Musik,
bildende Kunst, das Ballett und die Oper, und daß sie sich einer Ehe
erfreuen, die weit über das gewohnte Maß an Glück hinausgeht: Jeder,
der die beiden kennt, schätzt und genießt die transzendente Freude ihrer Beziehung.

Stabile und zufriedene Beziehungen sind, wie wir bereits in Kapitel zwei sehen konnten, ganz wesentlich, um mit zunehmendem Alter
seine mentale Schärfe und Ausgeglichenheit aufrechtzuerhalten.

Brain Flash

Alte Grenzen: kein Hindernis für Podkopajewa

Haben die Forscher in den Vereinigten Staaten ihre Zeit verschwendet? Drei Studien über die Effekte des Alterungsprozesses auf Athleten, die zwischen 1990 und 1993 gemacht wurden, wiesen aus, daß der körperliche Abbau erst weit in den 40ern beginnt und nicht schon mit 35, wie die Wissenschaft zuvor meinte. Und dann erschien die 42jährige Jekaterina Podkopajewa auf der Sportbühne – ein einzigartiges Beweisstück.

1994 übernahm Podkopajewa die Führung auf der Weltrangliste der 1.500-Meter-Läuferinnen. In einem Kopf-an-Kopf-Rennen während der gesamten Saison schlug sie die 25jährige irische Silbermedaillenträgerin Sonia O'Sullivan mit 3 zu 2 und den algerischen Meister Hassiba Boulmerka, 26 Jahre, mit 2 zu 1.

Nun hat auch die Werbebranche ihren Fehler eingesehen. Ein Sponsor, der 40jährigen zuvor sicherlich keinen Vertrag gegeben hätte, besann sich nun eines Besseren.

Der amerikanische Sportarzt Dr. Owen Anderson, Herausgeber der Zeitschrift Running Research News, *hält den Verlust des Siegeswillens für ein größeres Problem als das zunehmende Alter.*

„Wir waren bisher davon überzeugt, daß bei Athleten mit dem 35. Lebensjahr ein stetiger Leistungsrückgang einsetzt, aber heute wissen wir, daß dieser nicht körperlich bedingt ist, sondern die Folge reduzierten Trainings ist", so Anderson. „Wir haben entdeckt, daß Läufer, die unbeirrt intensiv weitertrainieren, zwischen 25 und 45 kaum Leistungsverluste hinnehmen müssen.

Mit 45 Jahren sind Läufer vielleicht ein wenig langsamer, aber es ist nicht das Alter, dem sie ihre müden Beine zu verdanken haben. Es liegt höchstwahrscheinlich an sinkender Motivation und an immer weniger Qualitätstraining."

Professor Benjamin Zander (56 Jahre)

Die Gehirnforschung hat ein neues Thema entdeckt: Musik.

Benjamin Zander ist Begründer und Dirigent des *Boston Philharmonie Orchestra*. Er leitete außerdem 22 Jahre lang das Jugendorchester und begleitete es auf zehn internationalen Konzerttourneen. Er hat eine Lehrtätigkeit am Konservatorium von New England und ist der künstlerische Leiter des Musikprogramms an der *Wallnut Hill*-Schule für begabte Kinder. Seine CD-Aufnahmen von Beethovens Neunter, Strawinskys *Sacre du Printemps* und Mahlers Sechster Symphonie mit den Bostoner Philharmonikern wurde international begeistert gefeiert.

Anfang des Jahres 1995 stellte Professor Zander sich einer der größten Herausforderungen seines Lebens, die Zyniker wahrscheinlich als das dümmste Risiko betrachten, das er je eingegangen ist. Er nahm die Einladung an, Gustav Mahlers reichhaltigste, tiefste und komplizierteste Symphonie zu dirigieren: die Sechste. Was ist daran denn so besonders, könnte man fragen, schließlich ist der Mann doch Dirigent.

Aber es handelte sich hier um den ersten Schritt in Professor Zanders umfassendem Plan, die Welt mit „Musik zu überspülen". Außerdem sollte Mahlers Symphonie in dem riesigen *Barbican Center* in London vor Tausenden von Zuhörern aufgeführt werden, und zwar von einem der besten Orchester Londons, das allerdings nur einige wenige Tage für Proben zur Verfügung hatte, mit einem Dirigenten, mit dem es noch nie zuvor gearbeitet hatte. Darüber hinaus hatte Professor Zander noch nie in der britischen Hauptstadt dirigiert. Das alles war wohl eine Herausforderung, die die meisten über 50jährigen gerne übergangen hätten. Aber Zanders Erfolgswille war unüberwindlich. Hier nun einige Reaktionen von Kritikern:

Die *Sunday Times* nannte Zanders Debütkonzert, bei dem er Mahlers Sechste mit den Londoner Philharmonikern spielte, „spektakulär" und „denkwürdig". Und der berühmte Autor Gail Sheehy schrieb:

„Ben Zander gehört zu jenen raren Musikern, die auch in Worten schildern können, was sie musikalisch vortragen. Es gelingt ihm, uns, die wir keine Musiker sind, musikalisch zu verzaubern und die Geister und den Herzschlag des Lebens in uns heraufzubeschwören."

> ## *Brain Flash*
>
> *Wahrlich geniale Werke*
>
> *„Ich bin der Meinung, daß von allen Opern Verdis lediglich Othello und Falstaff wahrhaft geniale Werke sind."*
>
> *Bernard Levin*
>
> *Verdi schrieb Othello als 74jähriger im Jahr 1887 und Falstaff 1893 als 80jähriger. Es waren seine letzten beiden Opern.*

In diesem Zusammenhang ist die neue Erkenntnis besonders interessant, daß Musik eine wesentliche Wirkung auf die Entwicklung des Gehirns hat.

Die Wirkung von Musik auf den IQ

Viele Wissenschaftler sind davon überzeugt, daß es Menschen intelligenter macht, wenn sie bestimmte Musikstücke hören.

Dr. Gordon Shaw, Physiker an der *University of California*, untersuchte die Gehirnreaktionen bei abstrakten Aufgaben und entdeckte ein Muster, das dem, das von Musik ausgelöst wird, sehr ähnlich war. Gemeinsam mit dem Psychologen Frances Rauscher (ein ehemaliger Cellist) versuchte er in der Folge festzustellen, ob musikalisches Training bei Kindern zu einer Verbesserung der räumlichen Denkprozesse führte. Die anfänglichen Resultate waren sehr ermutigend: Nach drei, sechs und neun Monaten Training hatte sich die Fähigkeit der Kinder, abstrakt zu denken, genau wie erwartet, enorm verbessert, und die Tatsache, daß dies der einzige Aspekt war, der sich stark verbessert hatte, legt nahe, daß die Musik sie nicht nur aufmerksamer machte, sondern ihr Gehirn trainierte.

Ein höherer IQ für ältere Menschen

Durch diese Ergebnisse ermutigt, beschlossen Shaw und Rauscher zu erforschen, was geschieht, wenn Erwachsene Musik hören. Die Probanden hörten entweder eine Klaviersonate von Mozart, eine Entspannungskassette oder Stille, und anschließend wurde ihr räumliches Denken untersucht. Die Studie zeigt vor allem bei der Musik von Mozart eine äußerst positive Wirkung.

Wie verhält es sich bei anderer Musik? Könnte nicht auch Heavy Metal, Acid House oder Rap die gleiche anregende Wirkung wie Mozart haben? Shaw und Rauscher glauben, daß das nicht der Fall sein wird, da diese Musikformen nicht über die benötigte strukturelle und harmonische Komplexität verfügen. Shaw:

> „Wir werden mit bestimmten Hirnstrukturen geboren, und es werden ganz bestimmte natürliche Muster angeregt. Wir finden Mozarts Musik deshalb so angenehm, weil sie diese natürlichen Muster in unserem Gehirn anregt."

Musik und Schach

In diesem Zusammenhang dürfte die Tatsache, daß die Experimente von Shaw und Rauscher gezeigt haben, daß Mozarts Musik ähnliche Gehirnwellenmuster hervorruft wie Schach, all diejenigen interessie-

---

Brain Flash

Vorbilder

Sir Georg Solti, ein Schüler des berühmten Dirigenten Toscanini, gehörte zu den wichtigsten Befürwortern des Verdi-Festivals, das vom Royal Opera House in London organisiert wird. Das Festival wird von 1995 bis ins Jahr 2001 laufen, und es werden jeweils vier Opern pro Jahr aufgeführt werden. In einem Interview vom 10. Juni 1995 – kurz vor seiner gefeierten Aufführung von „La Traviata" – kündigte Sir Georg Solti an, er wolle der erste Dirigent der Welt werden, der noch in seinem 100. Lebensjahr aktiv ist – leider konnte er dies nicht mehr erleben.

„La Traviata" wurde während einer Hitzewelle aufgeführt, die ganz London in Schweiß badete, aber Sir Georg Solti war angesichts der Temperaturen nur zu einer einzigen Konzession bereit: Er legte sein Jackett ab. Er sagte: „Das ist das erste Mal in meinem Leben, daß ich das getan habe."

ren, die in späteren Jahren ihre mentalen Leistungen steigern wollen und nach einer Aktivität suchen, die sie dabei unterstützen könnte.

Rikki Hunt (42 Jahre)

Brain Flash

Sagen Sie nie: „Das kann ich nicht!"

Rikki Hunt hat Höhenangst. Aber im Sommer 1995 konnte man ihn auf den Gipfeln des Eiger und Matterhorns finden. Warum? Er wollte seinem Mitarbeiterstab zeigen, daß Menschen alles können, wenn sie sich nur die Zeit dafür nehmen und es wirklich wollen.

Auf Hunts Schreibtisch in Swindon *liegen drei Jonglierbälle. Hunt kann nicht jonglieren, aber die Bälle sollen ihn daran erinnern, daß er es lernen kann, wenn er das wollte.*

„Ich bin fest davon überzeugt, daß Menschen alles tun können, was sie sich vornehmen", sagt er. „Viele Jahre größter Schwierigkeiten haben mir mein Lebensziel gezeigt: Menschen zu helfen, ihr Potential zu verwirklichen. Und dabei gibt es keine Grenzen. Deshalb lautet das Motto unserer Firma: „Sagen Sie nie, das kann ich nicht."

Rikki Hunt, Mind-Mapper und Geschäftsführer eines außerordentlich erfolgreichen Unternehmens, ist als Erfinder des Konzepts der „denkenden Organisation" bekannt. Er stellt sich Herausforderungen: So bestieg er die Gipfel des Eiger und des Matterhorns und will den Nordpol zu Fuß erreichen, um sein Potential zu verwirklichen. Außerdem hat er den Mount Everest ins Auge gefaßt.

Wenn man sich fragt, wem diese Abtrünnigen von der Norm in diesem Kapitel wohl am ähnlichsten sind, fällt es einem wie Schuppen von den Augen: Kindern!

Und was meinen Dichter, Philosophen, religiöse Führer und Denker, solle die Triebfeder des alternden Menschen sein? – Sagen sie nicht jeweils auf eigene Weise, was die Bibel so ausdrückt: „So ihr nicht werdet wie die kleinen Kinder, werdet ihr nicht eingehen in das Reich Gottes."

Oder in den Worten von William Blake: „Du mußt das unschuldige
Alter (die Kindheit) verlassen, in das erfahrene Alter (Anfang der Lebensmitte) eintreten und dann wieder in das unschuldige Alter (fort-
geschrittene Kindheit) eingehen, wenn du ins Paradies eintreten
willst."

Welche Schritte sollte ich nun unternehmen?

1. Hören Sie klassische Musik und harmonisieren Sie so den Fluß
   Ihrer Intelligenz. Mozart, Haydn, Bach, Beethoven, Mahler und
   Strawinsky sind besonders empfehlenswert.
2. Entwickeln Sie eine ambitionierte, aber realistische neue Herausforderung, der Sie sich stellen wollen – und erreichen Sie Ihr
   Ziel. Das könnte im beruflichen, kulturellen, sportlichen oder im
   Hobbybereich liegen.
3. Verlassen Sie sich auf sich selbst. Warten Sie nicht darauf, daß
   andere Ihnen helfen oder es für sie tun.
4. Entsinnen Sie sich Goethes Botschaft aus Kapitel fünf: „Am Anfang war die Tat ... Beginne sofort!"

Brain Flash

Die älteste Angestellte

*Hilda Ford ist 93 und kann mit Recht behaupten, die älteste
Angestellte Großbritanniens zu sein. 1995 wurde sie für ihre
Leistung ausgezeichnet. Sie verkauft Autozubehör in* Todmorde
Yorkshire, *aber der Job läßt ihr noch genügend Energie für den
örtlichen Chor.*

Kapitel dreizehn

Wie fit ist Ihr Gehirn?

„Was kann man als durchschnittlicher Mensch tun, um seine Gehirn-leistungen zu steigern? Man sollte sich vor allem ganz aktiv auf Un-bekanntes einlassen."

Arnold Scheibel,
Leiter des Gehirnforschungsinstituts der UCLA

Wir haben uns mit den Abtrünnigen von der Norm befaßt, die sich Herausforderungen stellen und ihren geistigen Horizont erweitern. In diesem Kapitel finden Sie ein Füllhorn mentaler Tests, Checklisten, Meßwerkzeuge und neue Parameter, mit denen Sie ganz genau über-prüfen können, wie fit Ihr Gehirn wirklich ist.

Wir erläutern, wie Sie verschiedene Denksportarten und mentale Freiübungen dazu nutzen können, Ihr Gehirn mit zunehmendem Alter fit zu halten. Wir zitieren maßgebliche und faszinierende Forschungs-resultate der *University of California* in Irvine, denen zufolge Denk-sport gegen die Alzheimer-Krankheit hilft, weil man damit neue „Schaltkreise" im Gehirn installiert.

Ist Ihr Gehirn fit? Können Sie seine Leistungen verbessern und wenn ja, inwieweit? In diesem Kapitel finden Sie die Mittel, mit de-nen Sie sich in den Bereichen Selbst- und Zeitmanagement, Gehirn-leistung, emotionale Stabilität, sinnliche Wahrnehmung, Gedächtnis und Kreativität testen können.

Brain Flash

Ergreifen Sie die Gelegenheit beim Schopf!

Ein großes Geschäft zu leiten ist wie ein Schachspiel: Es erfordert eine logische Analyse und den Mut, Gelegenheiten beim Schopf zu ergreifen.

Der Wert

„Schach ist das Gymnasium des Geistes."   W. I. Lenin

„Ich bin ein großer Befürworter rationaler Spiele, denn sie helfen, die Kunst des Denkens zu vervollkommnen."

Gottfried Leibniz

„Guru Hargobind (16. Jahrhundert), der sechste Guru der Sikhs, ermutigte seine Anhänger, körperlich fit zu bleiben, die Kampfkunst zu erlernen und meisterhafte Reiter zu werden, so daß sie ihre Rechte und die anderer schützen können. Die Sikhs sollten ‚Santa Sipa‘, Heilige Soldaten, sein."

The Times, Juli 1994

Schach – das königliche Spiel

Brain Flash

Es ist nie zu spät

„Was kann der Durchschnittsbürger für seinen Geist tun? Es ist vor allem wichtig, sich aktiv mit Dingen zu befassen, die man noch nicht kennt. Alles, was intellektuell anregt, dient wahrscheinlich als Stimulus, der das Wachstum von Dendriten anregt, und das bedeutet, daß der Hirncomputer größere Programmreserven entwickelt.

Lösen Sie Rätsel, lernen Sie ein Musikinstrument zu spielen, reparieren Sie etwas, versuchen Sie sich als Künstler, gehen Sie tanzen, treffen Sie sich mit provokativen Menschen, nehmen Sie an Bridge- oder Schachturnieren teil, oder an einer Regatta. Und bedenken Sie immer: Die Forschung zeigt, daß es nie zu spät ist. Das ganze Leben sollte eine Lernerfahrung sein, denn damit fordern wir unser Gehirn und bauen neue Schaltkreise. Wir halten uns dabei explizit an die Funktionsweise des Gehirns."

Arnold Scheibel,
Leiter des Gehirnforschungsinstituts der UCLA

Warum hält man Denksport und insbesondere Schach für relevant und wichtig? Weil in unserer gesamten Kulturgeschichte hervorragende Leistungen im Schach mit hoher Intelligenz gleichgesetzt wurden. Denksport spielt im Leben vieler Genies eine wesentliche Rolle, und in unserem Teil der Welt gilt Schach seit langem als königliches Spiel. Schach ist von allen vergleichbaren Spielen wohl am weitesten verbreitet und wird durch die am besten dokumentierte Theorie unterstützt. Viele Genies schätzten das Schachspiel außerordentlich. Goethe nannte es „Prüfstein des Intellekts". Harun Al-Rashid, ein abbasidischer Kalif des Islam (786–809 n. Chr.), der durch „Tausendundeine Nacht" berühmt wurde, war der erste seiner Dynastie, der Schach spielte.

Alexius Comnenus, Kaiser von Byzanz im 11. Jahrhundert, spielte angeblich Schach, als er von Verschwörern überrascht wurde, die ihn ermorden wollten. Aber als guter Schachspieler gelang es ihm natürlich, zu entrinnen!

Aladin, den wir aus dem Märchen kennen, war in Wirklichkeit Schachspieler und Rechtsanwalt am Hofe Tamerlaines in Samarkand. Auch Tamerlaine, der im 14. Jahrhundert die Hälfte der damals bekannten Welt eroberte, liebte das Schachspiel und nannte seinen Sohn *Schah Rukh*, da er in dem Moment, als die Geburt verkündet wurde, gerade mit einem Bauern (Rukh) am Zug war. Auch das Genie Benjamin Franklin war begeisterter Schachspieler. Die allererste amerikanische Veröffentlichung zum Thema „Schach", *Morals of Chess*, stammt aus seiner Feder und erschien 1786. Shakespeare, Goethe, Leibniz und Einstein erwähnten das königliche Spiel; Iwan der Schreckliche, Königin Elisabeth I., Katharina die Große und Napoleon, sie alle waren stolz auf ihr Spiel.

Wir möchten Ihnen hier und jetzt zeigen, wie Sie Ihre mentalen Fähigkeiten verbessern können und folgen dabei dem Vorbild von Schach- und anderen Denksportmeistern.

Die Entwicklung des Denksports

Seit Anfang der Zivilisation vor etwa 10.000 Jahren spielen Menschen Spiele, wie man aus der Geschichte weiß. Schon in den frühsten Schriften alter Zivilisationen finden wir Hinweise auf Spiele, die dem heutigen Tic-Tac-Toe ähnlich sind. Mit dem Fortschritt der Zivilisation wurden auch die Spiele komplizierter.

Es ist faszinierend, die Entwicklung der Spiele im Laufe der Geschichte zu betrachten, eine Entwicklung, die heute einen Punkt er-

Der erste „offizielle" Denksport

Das tägliche Schachproblem von Ray Keene in der Times *ist eine ausgezeichnete Herausforderung. Hier ein Beispiel aus dem ‚unsterblichen' Spiel, das 1851 in* Simpsons-in-the-Strand *in London gespielt wurde.*

Frage: Weiß spielt und setzt schachmatt.

Antwort: 1 Qf6 Schach Pxf6. 2 Be7 schachmatt

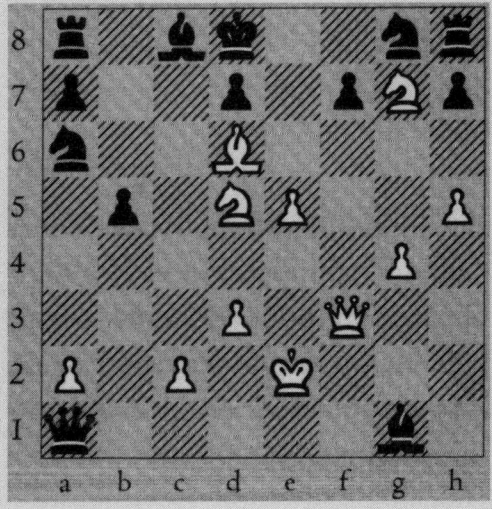

reicht hat, an dem sie zweifelsfrei die Art und Weise, wie wir kämpfen, uns amüsieren und über unsere eigene Intelligenz nachdenken, verändern wird.

Internationale Stars auf dem Gebiet der Gehirnleistung

Ein gutes Maß für das wachsende Interesse am Denksport insgesamt sind die immer weiter steigenden Preisgelder bei wichtigen Turnieren.

1969 beispielsweise erhielt der Schachweltmeister 3.000 Rubel (damals etwa 6.000 DM). 1990 kämpften Kasparow und Karpow um eine bedeutend größere Summe: 2 Millionen Dollar. Nur drei Jahre später, beim Spiel Kasparow gegen Short, hatte sich das Preisgeld erneut verdoppelt und heute tendiert es gegen 10 Millionen Dollar.

Zeitgleich mit dem enormen Interesse an Schach und Denksport im allgemeinen wuchs auch das Interesse an der Messung mentaler Fähigkeiten explosiv, was zu einer Konkurrenz zwischen unterschiedlichen Meßmethoden und -daten und zwischen Organisationen, die sie betreiben, führte. Die Mitgliederzahl von *Mensa* beispielsweise, einem Verein, dem nur Menschen mit einem hohen IQ beitreten können, steigt in England jährlich um über 2.000 Mitglieder und das Lieblingshobby der meisten ist Schach, Denksport und Rätsel. So wurde vor kurzem der *International Brain Club* (Informationen, wie Sie Mitglied werden können, auf Seite 199) gegründet, dessen Schwerpunkt bei der Ausbildung mentaler Fähigkeiten liegt und der die Schachliga für Schulen ins Leben rief; außerdem legte er in jedem Bereich des Denksports und der mentalen Betätigung offizielle Weltrekordregelungen fest.

Mentale Weltrekorde unterscheiden sich in der Form nicht von denen körperlicher Sportarten. Es gibt unterschiedliche Kriterien, so zum Beispiel: das Auswendiglernen der Zahl Pi, Messungen der Höchstgeschwindigkeit beim Auswendiglernen von Karten oder Zahlen, die höchsten IQs, Bewertungen der Spitzenleistungen u.a. beim Schach, die von Einzelpersonen oder im Wettkampf mit anderen ausgewertet werden. Die *Brain Trust Charity* autorisiert/anerkennt diese Rekordleistungen gemeinsam mit den *Internationalen Brain Clubs* und ihrer Expertenjury.

Das Interesse am Denksport wächst auf allen Ebenen. Immer häufiger finden lokale, nationale und internationale Turniere statt und machen Schlagzeilen; nahezu alle wichtigen Zeitungen und Zeitschriften befassen sich regelmäßig mit Schach, Bridge und Rätseln. So hat das *Tournament of the Mind* in *The Times* und das *Mastermind*-Programm der BBC im Fernsehen in letzter Zeit immer mehr Anhänger gefunden. Hunderte Teilnehmer wetteifern in Städten und Dörfern um die Meisterschaft in Schach, Bridge, Go, Scrabble oder beispielsweise Monopoly, und die Nachfrage nach der entsprechenden Literatur, nach Vereinen, Klubs, Spielmöglichkeiten und Wettkämpfen nimmt stetig zu.

Es gibt immer mehr Hinweise, daß die Dominanz körperlicher Sportarten kein Ausdruck einer natürlichen Neigung, sondern vielmehr Ausdruck fehlender Gelegenheiten ist, dem gleichen, wenn nicht gar größeren Interesse an mentalen Sportarten nachzugehen. Denn mit dem Wachstum der Informationstechnologie und elektronischen Datenübertragung haben wir einen Punkt in der Geschichte erreicht, wo der Wettkampf auf dem mentalen Kampfplatz erstmals von genauso vielen Zuschauern mitverfolgt werden kann, wie es bei körperlichen Sportarten möglich ist. Die Austragung der Schachweltmeisterschaften wird von Milliarden Menschen weltweit, über das Fernsehen, durch Faxe, Teletext und das Internet verfolgt. Das weltweite Interesse an mentalen Weltmeisterschaften läßt sich als natürliches Interesse des menschlichen Verstands am eigenen Funktionieren betrachten und daran, Spiele zu entwickeln, mit denen man seine Grenzen erproben kann. Dieses Phänomen ist allen Spielen gemein.

Gehirnmuskeltraining

Eine neue Studie, die in der renommierten wissenschaftlichen Zeitschrift *Nature* veröffentlicht wurde, belegt, daß körperliche und mentale Übungen das Gehirn bis ins hohe Alter fit halten und möglicherweise die Alzheimer-Krankheit und ähnliche Probleme verhindern können, die mit dem Alterungsprozeß einhergehen. Die von Dr. Carl Cotman an der *University of California* in Irvine durchgeführte Forschungsarbeit belegt erstmals die Verbindung zwischen körperlicher und mentaler Aktivität sowie die Tatsache, daß die Wachstumsfaktoren des Gehirns sich durch Übung beeinflussen lassen. Es gibt bereits viele Hinweise darauf, daß Menschen, die regelmäßig trainieren, länger leben und bei Intelligenztests besser abschneiden. Cotmans Forschungsergebnisse betonen, wie wichtig Körperaktivitäten sind, um dem Alterungsprozeß entgegenzuwirken. Cotman: „Das Gehirn ist eigentlich ein Muskel. Wenn man sein Gehirn übt, wächst es und kann mit mehr Projekten und komplexeren Problemen umgehen."

Cotman benutzte bei seinen Forschungsarbeiten Ratten, da man die Übungsgewohnheiten dieser Nagetiere und ihre Folgen mit denen der Menschen vergleichen kann. So wurde es beispielsweise den Ratten überlassen, wieviel Training sie machen wollten. Manche waren faul und vertrieben sich lieber die Zeit mit Nichtstun, als das Laufrad zu benutzen, während andere es kaum lassen konnten und Nacht für Nacht leidenschaftlich rannten. Das Hirnwachstum war bei trainierten Ratten, wie erwartet, weit höher als bei untrainierten.

Offenbar gibt es einen optimalen Trainingsrhythmus mit maximaler Wirkung, und Cotmans Forschungsergebnisse belegen, daß exzessiv trainierende Ratten kein besseres Ergebnis erzielten als jene, die im optimalen Bereich trainierten.

Durch Schlankheit zum Erfolg

Eine neue kanadische Forschungsarbeit legt nahe, daß Übergewicht zu Schlafstörungen führen kann, was wiederum zu Lernstörungen und einer signifikanten Senkung des IQ führen könnte. Dr. Susan Rhodes, Psychologin an der *Medical University of South Carolina* in Charle-

---

Brain Flash

Forschungsergebnisse belegen, daß das Gehirn auch im Alter wächst

Forscher können jetzt belegen, daß bestimmte wichtige Gehirnbereiche bei Menschen, die sich im allgemeinen guter Gesundheit erfreuen, im Alter nicht verkümmern.

Die jüngsten Forschungsergebnisse widersprechen Überzeugungen, die in der Wissenschaft und Öffentlichkeit lange Allgemeingut waren, und lassen den Schluß zu, daß Menschen, die sich emotional und körperlich fit halten, bis weit in die Achtziger in wichtigen intellektuellen Bereichen wachsen können. Außerdem zeigen die Resultate, daß man nachlassende intellektuelle Fähigkeiten des Gehirns in manchen Fällen beheben kann und daß frühere Annahmen falsch waren, daß das Gehirn mit zunehmendem Alter immer mehr Gehirnzellen verlöre.

Zahllose, intellektuell vitale Menschen haben möglicherweise aufgrund der Annahme, daß steigendes Alter notwendigerweise zu geistigen Verlusten führt, einen Teil ihrer Fähigkeiten unnötig verloren.

„Die Erwartung nachlassender geistiger Leistungsfähigkeit ist eine sich selbst erfüllende Prophezeiung", so Werner Schaie, Forscher in diesem Bereich. „Wer die Stereotypen von Hilflosigkeit im Alter nicht akzeptiert, sondern meint, er sei im Alter genauso gut wie in anderen Lebensphasen, verliert seine Fähigkeiten nicht vor der Zeit."

ston behauptet, daß starkes Übergewicht im Schlaf zu einem Sauerstoffmangel im Gehirn führt, was auf Fettgewebe in der Kehle oder auf eine eher indirekte Ursache im Zentralnervensystem zurückzuführen sei und zu einem Gehirnschaden führen könne. Nach ihren Ergebnissen kann eine Diät diesen Schaden rückgängig machen und die Menschen „klüger machen".

Wenn Sie versuchen, eine neue mentale Fähigkeit, wie Mindmapping, Schach oder Go, zu erwerben, oder wenn Sie eine neue Diät versuchen oder aufhören möchten, zu rauchen, dann nehmen Sie noch einmal Kapitel 4 durch, um zu erfahren, wie man eine „Starke Schlechte Gewohnheit" in eine „Gute Neue Gewohnheit" umwandelt. Metapositives Denken ist der beste Schlüssel, sich positiv zu ändern und man kann nicht früh genug damit anfangen. Metapositives Denken ist daher ein ganz wesentlicher Aspekt einer erfolgreichen Alterungsstrategie.

Wie fit ist Ihr Gehirn?

Ist Ihr Gehirn in Form? Der nun folgende Fragebogen testet wichtige Bereiche Ihres Gehirns. Er hilft Ihnen, die eigenen Stärken und jene Bereiche, in denen Sie sich verbessern können, herauszuarbeiten.

Umkreisen Sie jeweils eine Zahl und zählen Sie anschließend die Resultate zusammen.

Selbst- und Zeitmanagement	Ja	Vielleicht/ manchmal	Nein
1. Haben Sie eine klare Vorstellung davon, was Sie im Leben erreichen wollen?	(2)	(1)	(0)
2. Haben Sie über 50 Seiten „Tagebuchmaterial"?	(0)	(1)	(2)
3. Sind Sie pünktlich?	(2)	(1)	(0)
4. Benutzen Sie Bilder, Symbole und Farben in Ihrem Tagebuch?	(2)	(1)	(0)
5. Empfinden Sie regelmäßig Streß?	(0)	(1)	(2)
6. Planen Sie gerne?	(2)	(1)	(0)

7. Planen Sie regelmäßig Ferien und freie Tage ein?	(2)	(1)	(0)
8. Fühlen Sie sich schuldig, wenn Sie nicht arbeiten?	(0)	(1)	(2)
9. Erinnern Sie sich an einzelne Lebensjahre?	(2)	(1)	(0)
10. Lassen Sie Ihr Leben regelmäßig Revue passieren?	(2)	(1)	(0)
11. Freuen Sie sich generell auf morgen?	(2)	(1)	(0)
12. Fühlen Sie sich von Ihrem Tagebuch bedroht?	(0)	(1)	(2)

Das Gehirn	Ja	Vielleicht/ manchmal	Nein
1. Essen (und mögen!) Sie viel Zucker und/oder Salz?	(0)	(1)	(2)
2. Essen Sie regelmäßig frisches Gemüse und Früchte?	(2)	(1)	(0)
3. Essen Sie oft industriell verarbeitete Nahrungsmittel?	(0)	(1)	(2)
4. Haben Sie ein substantielles Unter- oder Übergewicht?	(0)	(1)	(2)
5. Machen (und genießen) Sie regelmäßig Körpertraining?	(2)	(1)	(0)
6. Lassen Sie regelmäßig einen Gesundheitscheck durchführen?	(2)	(1)	(0)
7. Trinken Sie übermäßig?	(0)	(1)	(2)
8. Nehmen Sie regelmäßig Drogen?	(0)	(1)	(2)
9. Essen Sie lieber Gegrilltes als Gebratenes?	(2)	(1)	(0)
10. Ernähren Sie sich abwechslungsreich?	(2)	(1)	(0)
11. Trinken Sie mehr als sechs Tassen Tee und/oder Kaffee täglich?	(0)	(1)	(2)
12. Rauchen Sie?	(0)	(1)	(2)

Emotionale Stabilität	Ja	Vielleicht/ manchmal	Nein
1. Sind Sie selbstsicher?	(2)	(1)	(0)
2. Können Sie weinen?	(2)	(1)	(0)
3. Ärgern Sie sich häufig?	(0)	(1)	(2)
4. Betrachten andere Sie als glücklich?	(2)	(1)	(0)
5. Halten Ihre Freundschaften sehr lange?	(2)	(1)	(0)
6. Fühlen Sie sich häufig hilflos?	(0)	(1)	(2)
7. Fällt Ihnen das Leben häufig schwer?	(0)	(1)	(2)
8. Verstehen Sie sich mit Ihrer Familie?	(2)	(1)	(0)
9. Äußern Sie Ihre Gefühle?	(2)	(1)	(0)
10. Berühren Sie gerne und lassen sich gerne berühren?	(2)	(1)	(0)
11. Macht es Sie glücklich, andere glücklich zu sehen?	(2)	(1)	(0)
12. Behalten Sie Ihre Befürchtungen meistens für sich?	(0)	(1)	(2)

Die Sinneswahrnehmung	Ja	Vielleicht/ manchmal	Nein
1. Macht es Ihnen Spaß, zu tanzen?	(2)	(1)	(0)
2. Gehen Sie regelmäßig ins Kino, Theater, Museum und die Philharmonie?	(2)	(1)	(0)
3. Können Sie sich visuelle Information klar vorstellen?	(2)	(1)	(0)
4. Können Sie sich klar an Gerüche oder an einen Geschmack erinnern?	(2)	(1)	(0)
5. Können Sie sich klar an Töne, Berührungen und Körperbewegungen erinnern?	(2)	(1)	(0)
6. Essen Sie, um zu leben, oder leben Sie, um zu essen?	(0)	(1)	(2)

Die Sinneswahrnehmung	Ja	Vielleicht/ manchmal	Nein
7. Sind Sie sinnlich?	(2)	(1)	(0)
8. Spielen Sie gerne mit Kindern?	(2)	(1)	(0)
9. Mögen Sie Ihren Körper?	(2)	(1)	(0)
10. Lieben Sie die Natur?	(2)	(1)	(0)
11. Halten andere Sie für gut gekleidet?	(2)	(1)	(0)
12. Fahren Sie gerne Auto?	(2)	(1)	(0)

Gedächtnistest 1
Langzeitgedächtnis

Schreiben Sie die Namen der Planeten des Sonnensystems auf, und zwar in der Reihenfolge ihres jeweiligen Abstands zur Sonne.

Gedächtnistest 2
Erinnerungsvermögen beim Lernen

Lesen Sie die folgende Wortreihe einmal durch und führen Sie anschließend die nachfolgende Instruktion aus.

1. Käfig	9. von	16. kleinlich	24. hoch
2. genau	10. das	17. das	25. Wille
3. sein	11. das	18. Wald	26. ängstlich
4. Pfanne	12. von	19. Tür	27. teilnehmen
5. Fuß	13. weit	20. Glas	28. Decke
6. Seite	14. Leonardo da Vinci	21. von	29. Gipfel
7. hoch	15. regnerisch	22. von	30. Finger
8. und		23. drehen	31. Feuer

Ohne die Worte noch einmal anzuschauen, schreiben Sie so viele davon auf, wie Sie können.

Kreativität

Bevor Sie anfangen, sollten Sie ein Blatt Papier, einen Stift und eine Uhr mit Sekundenzeiger zur Hand haben. Tun Sie nun folgendes:
Schreiben Sie in einer Minute alles auf, was man mit einem Gummiband machen kann.

Wie fit ist Ihr Gehirn? – Auswertung

Selbst- und Zeitmanagement

Punkte:

18–24 Ausgezeichnet. Sie arbeiten außerordentlich effizient.

12–17 Gut, aber Sie können sich in vielen Bereichen verbessern.

6–11   Sie können (und sollten) sich mehr Mühe geben.

0–5   Sie nutzen die Kräfte und Möglichkeiten von Körper und Geist kaum.

Das Gehirn

Punkte:

18–24 Ausgezeichnet. Sie geben Ihrem Gehirn jede Gelegenheit, seine Möglichkeiten zu entfalten.

12–17 Gut, aber Sie kümmern sich eventuell doch nicht so gut um sich selbst, wie Sie denken.

6–11   Es ist kaum hilfreich, die Bedeutung körperlicher Gesundheit für einen klugen Kopf zu unterschätzen.

0–5   Sie unterminieren Ihr Gehirn, wenn Sie Ihren Körper mißbrauchen. Geben Sie Ihrem Gehirn eine Chance!

Emotionale Stabilität

Punkte:

18–24 Sie sind emotional ungewöhnlich reif.

12–17 Sie zeigen zwar eine gewisse Reife, aber es würde Ihnen nutzen, weiter daran zu arbeiten.

6–11   Sie werten sich selbst ab – fälschlicherweise.
0–5   Kümmern Sie sich mehr um diesen Aspekt.

Die Sinneswahrnehmung

Punkte:

18–24 Ausgezeichnet. Sie leben ein ausgeglichenes, sinnliches, kul-
       turelles und körperliches Leben – und davon profitiert Ihr
       Gehirn.
12–17 Eine gute Wertung, auf der Sie gut aufbauen können.
6–11   Eine durchschnittliche Wertung, aber nicht besonders gut. Be-
       denken Sie, daß das Denken mehr beinhaltet als trockene
       Theorie.
0–5   Sie laufen Gefahr, Ihr Gehirn auszuhungern. Genießen Sie Ihr
       Leben mehr!

Gedächtnistest 1

Antwort: Merkur, Venus, Erde, Mars, Jupiter, Saturn, Uranus, Neptun,
Pluto. Ein Punkt für jeden Planeten, den Sie richtig plaziert haben.

Punkte:

8–9   Außerordentlich gut.
6–7   Sehr gut, überdurchschnittlich.
4–5   Immer noch überdurchschnittlich.
2–3   Durchschnittlich beziehungsweise ein wenig besser als durch-
       schnittlich.
1–2   Ziemlich normal.

Der Grund für die allgemein niedrige Punktzahl bei einem Thema wie
diesem – wir haben das irgendwann in der Schule gelernt und gehört
zum Allgemeinwissen – ist, daß wir nicht gelernt haben, unser Langzeitgedächtnis zu nutzen.

Gedächtnistest 2

Punkte:

Sie werden sich wahrscheinlich an mindestens eins der Worte erinnert haben, das mehrfach erwähnt wurde (von, das), an Leonardo da Vinci (weil es „auffallend" war) und von den anderen Worten an die, die sich eher am Anfang und am Ende der Liste befinden, plus an einige Worte aus der Mitte, die miteinander zusammenhängen oder für Sie etwas Besonderes bedeuten. Wenn Sie sich an alle Worte erinnert haben, dann haben Sie ein außerordentlich gutes Gedächtnis. Wenn nicht, machen Sie sich keine Sorgen. Falls Sie jedoch denken, daß es jenseits Ihrer Fähigkeiten liegt, sich an solch eine Liste zu erinnern, dann täuschen Sie sich. Befassen Sie sich näher mit den erwähnten Methoden und Sie werden bemerken, daß Sie es doch können.

Kreativität

Punkte:

Für gewöhnlich liegt die Punktzahl bei diesem Test, der auf der Arbeit von E. Paul Torrence beruht, bei 1 bis 4; ausgezeichnet sind 8; 12 Punkte sind ganz außergewöhnlich; und äußerst selten wird eine Punktzahl von 16 erreicht.

Schlußfolgerung

Vielleicht erkennen auch Sie durch Ihre Arbeit mit den Fragebögen Bereiche, in denen Sie Ihre Leistungen gerne verbessern würden. Das könnte zum Beispiel wie folgt aussehen: Sie wollen entscheidungsfreudiger werden oder sich gesünder ernähren, aerobisches Körpertraining machen oder Ihre Gedächtnisleistungen und Kreativität steigern – all dies natürlich im Kontext, eine erfolgreiche, eigene Alterungsstrategie zu entwerfen.

Wenn Sie aufgrund der Auswertung Ihrer Fragebögen einen Aspekt in Ihrem Leben ändern wollen, sollten Sie noch einmal nachlesen, wie man eine „Starke Schlechte Gewohnheit" in eine „Gute Neue Gewohnheit" (Kapitel vier) verwandelt. Nutzen Sie die Kraft metapositiven Denkens – „die Kraft, mit der man sich positiv ändern kann".

Torrence-Tests

Die Torrence-Tests kreativen Denkens (siehe weiter oben) wurden entwickelt, um zu überprüfen, wie divergent und originell Menschen denken. Das äußert sich in (1) Gesundheit, (2) Flexibilität, (3) Originalität und (4) Ausarbeitung.

1. GEWANDTHEIT faßt die Geschwindigkeit und Leichtigkeit zusammen, mit der man kreative Ideen produzieren kann beziehungsweise ob sie ganz natürlich fließen oder nicht.
2. FLEXIBILITÄT bezieht sich auf die Fähigkeit, unterschiedliche Ideen zu produzieren, von einer Sichtweise zur anderen zu wechseln und eine Vielzahl von Strategien anzuwenden.
3. ORIGINALITÄT bezieht sich auf die Fähigkeit, ungewöhnliche und einzigartige Ideen zu produzieren. Meist werden Menschen, die in diesem Bereich hohe Punktzahlen erzielen, für Nonkonformisten gehalten, was allerdings nicht bedeutet, daß solche Personen unberechenbar oder impulsiv sind.

    Im Gegenteil: Originalität ist oft das Resultat beträchtlicher, „beherrschter" intellektueller Energie und zeigt ganz allgemein, daß man sich außerordentlich gut konzentrieren kann. Ein origineller Denker ist wahrscheinlich auch ein „Abtrünniger von der Norm".
4. AUSARBEITUNG: Nach Torrence zeigt eine hohe Punktezahl in diesem Bereich, daß der Testteilnehmer fähig ist, Ideen zu entwickeln, auszuschmücken, zu vervollkommnen, auszuführen oder anderweitig zu bearbeiten. Solche Menschen sind meist auch scharfe und sensible Beobachter.

Die bis dato weltweit höchste Punktzahl, die beim Torrence-Test erreicht wurde, erzielte Buzan Tony, der eine Punktzahl von 100 % im Bereich Originalität erreichte und in allen vier Kategorien zusammen dreimal höhere Punktzahlen erwarb als gewöhnliche Teilnehmer. Bei der Vorbereitung auf diesen Test machte Tony Buzan Körperübungen, ähnlich wie Kasparow vor dem Schachspielen, und gab seinem Mindmapping und Gedächtnis einen Feinschliff – anschließend setzte er den neuen Weltrekord.

Kreativität ist, wie jede andere mentale Fähigkeit, erlernbar.

Fordern Sie sich selbst heraus:
Versuche in den eigenen vier Wänden

Hier nun mehrere Herausforderungen, die auch von Gedächtnisweltmeistern geschafft werden müssen. Stoppen Sie Ihre Leistungen. Die Zeit, die einem während der Weltmeisterschaften zur Verfügung steht, steht in Klammern.

Zufällige Wortreihen (15 Minuten)

(Wenn Sie die Tests zu Hause machen, bitten Sie einen Freund, Ihnen dabei zu helfen und die Resultate zu überprüfen.)
    Reihen von jeweils 50 zufällig ausgewählten, numerierten Worten stehen untereinander. Die Wettbewerber müssen die Worte in der richtigen Reihenfolge untereinander aufschreiben. Die Reihen werden wie folgt ausgewertet: Kein Fehler 50 Punkte, ein Fehler 25 Punkte und mehr als ein Fehler 0 Punkte. Die Punktzahl der Reihen werden zusammengezählt und ergeben die Gesamtpunktzahl.

Gesprochene Zahl (30 Minuten)

Die Wettbewerber müssen die Zahl aus dem Gedächtnis aufschreiben. Die Punktzahl ergibt sich aus der Anzahl der korrekt wiedergegebenen Ziffern von 100 vorgelesenen Zahlen, bis man einen Fehler macht. Der Vorgang wird dreimal wiederholt und nur die beste Punktzahl gilt.

Karten auswendig lernen (1 Stunde)

Die Wettbewerber erhalten zwölf Kartenspiele und haben eine Stunde Zeit, um so viele Karten auswendig zu lernen, wie sie können. Ein fehlerlos auswendig gelerntes Kartenspiel ergibt 52 Punkte. Ein Fehler ergibt 26 Punkte und mehr als ein Fehler 0 Punkte.

Karten auswendig lernen: Schnelldurchgang (5 Minuten)

Alle Wettbewerber erhalten ein vom Schiedsrichter gemischtes Kartenspiel. Stoppuhren stehen auf Null und werden synchron ausgelöst. Wenn die Wettbewerber das Kartenspiel auswendig gelernt haben, heben sie die Hand und ihre Zeit wird gestoppt. Die Wettbewerber erhalten lediglich so viel Punkte, wie sie sich korrekt an die Kartenreihenfolge erinnern – wenn man beispielsweise in einer Minute ein komplettes Spiel auswendig gelernt hat und bei der 25. Karte einen Fehler macht, erhält man 24 Punkte.

Gedicht (15 Minuten)

Die Wettbewerber erhalten 40 Textzeilen eines Gedichtes, das sie auswendig lernen müssen und das von Ted Hughes, dem preisgekrönten Dichter, speziell für diesen Anlaß geschrieben wurde. Anschließend müssen die Wettbewerber den Text, einschließlich Interpunktion, aufschreiben. Macht ein Wettbewerber einen Fehler, so zählt die entsprechende Zeile 0 Punkte. Eine richtige Zeile bringt einen Punkt. Sie finden das Gedicht weiter unten, so daß Sie es natürlich selbst ausprobieren können.

Gedächtnismeister wie Dominic O'Brien und Jonathan Hancock schaffen bei den Tests im gesetzten Zeitrahmen meist 100 % – bis auf das Gedicht, da es so konzipiert wurde, daß man sich schwer daran erinnern kann.

Das folgende Gedicht stammt von der Weltmeisterschaft 1995 in London:

The Blackened Pearl
A charred and cheeky jackdaw, no respecter
Of rank or person, is pecking the heart
off your epaulette. And grinding his teeth
A sleeper tries to wake. A city of torches
Casts the black and blacker shadow
Of a beast with two backs
Into his fiery eyes. See, the dark sea
Is moving like a fleet, sinister
Under its flag of sky with a star
And a crescent moon. An African witch
Has danced a pentacle
In the dew. And a father blindfolded,
Wobbles like a top inside it, reaching
Into empty air to catch
His dodgy daughter. He offers her a purse
Crammed with Venetian ducats
And the family pearls. A black hand
Snatches it off him. A man with a cloven hoof,
Masked as a devil, hurries away
Carrying a donkey. See, the sea-thunder
Tosses ashore a chest that spills treasures,
Cod's heads and salmon's tails. But the spider
Hauling its net, finds what it hoped for – a fly!
He contorts his mask, he is not seasick.
Belly-full of poisons he conducts
The drinking and singing till two drunkards
Roll a huge bell down hill.
A devil in black jumps out of it, furious,
Flogs everybody with the rags of a bagpipe
Then calls for perfect silence – which appears
As a bride in a nightgown.
A hawk on her shoulder
Slips away, behind a hedge, and leaves her
Feeding a roasted fowl to a green-eyed monster.
A toad, chewed and spewed out,
Crawls on to her handkerchief and squats,
Masticating strawberries. A tooth
Runs through the house in its sleep
Screaming with pain and babbling secrets.

Two men kneel to pray in a flash of lightning –
They are like two mummies hands wiping the sweat
Off each other with a napkin. Like a raven
Sitting on a cataleptic. Like a dog
Champing and swallowing a nose. Like an eye
Weeping a tear of burning sulphur. Now the whole world,
A pearl pendant between breasts,
Goes under honeysuckle, all are drugged with the scent.
Even the honeysuckle feels drowsy
As a gloved hand pulls out a sword
In the shade of a willow, and a man falls,
Hit by a dove. A red rose, full open
Deepens to black, then pales.
A bed, steered by two dead women,
Tilts over the brink of a cataract
Of liquid flame. The black hand salutes us
Flings a pearl into the pool of fire
Then plunges after it, where a salamander,
Green-eyed and the size of a crocodile,
Swirls in the unplumbed blaze, grabbing the bodies –
Their innocence and their guilt equally spicy.

                                        Ted Hughes

Welche Schritte sollte ich nun unternehmen?

1. Lernen Sie einen Denksport, beispielsweise Schach, Go oder Bridge. Sie können entweder gegen Freunde spielen, an einem Turnier teilnehmen oder die Spiele als „logisches Problem" betrachten (und die Probleme lösen, die Sie in Zeitungen und Zeitschriften finden), mit dem Sie Ihre „kleinen, grauen Zellen" trainieren.
2. Geben Sie Ihren Fähigkeiten einen Feinschliff – Sie finden die klassischen Mnemotechniken in Kapitel elf.
3. Entwickeln Sie originelle Perspektiven bei Problemen oder Fragen, mit denen Sie zu tun haben. Nutzen Sie die Assoziationsfähigkeit der Mind-Maps, um neue Blickwinkel oder Möglichkeiten zu erkunden und um die Quelle Ihrer Kreativität anzuzapfen – neue Ideen werden Ihnen nur so zufließen!
4. Machen Sie unseren Gedächtnistests und bitten Sie einen Freund oder Bekannten Sie zu unterstützen, insbesondere bei den Wortreihen.
5. Wenn Sie erstmals die Reihenfolge eines Kartenspiels auswendig lernen, hier ein Tip: Benutzen Sie eine klassische Mnemotechnik – zum Beispiel das Gedächtnistheater oder den geistigen Spaziergang – und geben Sie jeder Karte eine Persönlichkeit und eine Rolle. Blättern Sie das Spiel nochmals durch und weben Sie die Karten in eine Geschichte ein.

Brain Flash

Gute Spieler sind wichtig fürs Geschäft

Wer gut Backgammon, Bridge oder Schach spielen kann, hat davon vielleicht mehr als von seinen Zeugnissen oder seinem Diplom ... Wer bei Denkspielen herausragend abschneidet, hat eine ausgezeichnete Chance auf Erfolg.

Ob es sich nun um Backgammon, Bridge oder Schach handelt, Spitzenspieler verfügen über alle Eigenschaften, die im Geschäftsleben gefragt sind, unter anderem: Disziplin; ein gutes Gedächtnis; die Fähigkeit, gute Leistungen unter Druck zu erbringen; ein psychologisch guter Durchblick; die Bereitschaft, sich an eine Strategie zu halten, auch wenn es auf kurze Sicht zu Verlusten führt; und das schnelle, intuitive Durchrechnen von Wahrscheinlichkeiten – also schnelles Erkennen guter Gelegenheiten und Abwägen von Risiken gegen Vorteile.

Kapitel vierzehn

Offene Grenzen:
Ausblick auf die Zukunft

Man kann sich der Zukunft nicht erwehren. Die Zeit steht auf unserer Seite.

William Gladstone

Bisher haben wir uns auf die individuelle Seite des Themas beschränkt. In diesem letzten Kapitel stellen wir unsere Zukunftsprognosen vor, basierend auf unserer Analyse der Richtung, in die sich unsere Gesellschaft entwickelt.

Wir befassen uns mit verschiedenen Zukunftsvisionen: beispielsweise mit dem erzwungenen Ruhestand und dem Scheitern der staatlichen Rente, einhergehend mit zunehmender Selbstverantwortung und der technologischen Überwindung menschlicher Grenzen. Wir nehmen die vielleicht gar nicht so segensreiche Vision unter die Lupe, durch Mikrotechnologie und genetische Manipulation möglicherweise ewig leben zu können. Wir zeigen, daß die Grenzen nicht enger, sondern immer weiter werden – und Sie müssen lediglich die Gelegenheiten beim Schopf ergreifen, die sich Ihnen bieten und sich fortwährend dazu anregen, Ihr ganzes Potential zu verwirklichen.

Brain Flash

Eine Zukunftsvision

Spektakuläre Fortschritte in Medizin und Technologie. Die meisten lebensbedrohlichen Krebsarten lassen sich durch das Wissen über das menschliche Erbgut überwinden … Frauen können bis weit ins 70. Lebensjahr Kinder gebären …

Offene Grenzen:
die sich exponentiell wandelnde Zukunft

Wir leben in einer Welt, die sich immer schneller wandelt. Es dauerte Tausende Millionen von Jahren bis sich die vorzeitlichen Bakterien in der Ursuppe der ersten Ozeane zu Tieren entwickelten. Dann dauerte es weitere Hunderte Millionen von Jahren, bevor die Dinosaurier sich entwickelten, die Erde regierten und wieder verschwanden. Es hat einige Millionen Jahre gedauert, bevor der Mensch und die menschliche Kultur sich entwickelten, aber erstaunlicherweise haben wir erst in den letzten 200 Jahren Fahrzeuge entwickelt, die sich schneller als Pferde oder Segelboote fortbewegen können. Im letzten halben Jahrhundert haben die wissenschaftlichen Entwicklungen eine unglaubliche Geschwindigkeit erreicht: erst die Entdeckung der Atomenergie und dann in den letzten drei Jahrzehnten die Landung auf dem Mond. Und erst in allerjüngster Zeit befassen wir uns mit dem Funktionieren unseres eigenen Gehirns.

In allen Bereichen unserer Existenz entwickeln sich die Dinge mit einer immer höheren Geschwindigkeit: auf sozialem, medizinischem und wirtschaftlichem Gebiet ebenso wie im Bereich der Umwelt und des Militärs. Wir können jetzt sogar daran gehen, mittels Mikrotechnologie Systeme auf molekularer Ebene zu ändern und unser Erbgut umzuschreiben.

In diesem Kapitel untersuchen wir einige Zukunftsvisionen und die Risiken und Chancen, die das für eine immer älter werdende Bevölkerung mit sich bringt.

Zunächst einige Gedanken von Professor Marvin Minsky vom *Massachusetts Institute of Technology* (MIT). Professor Minsky gilt weltweit als einer der Patriarchen der KI (künstliche beziehungsweise Maschinen-Intelligenz). Wir sprachen 1994 in Boston mit ihm, als er die zweite Dameweltmeisterschaft zwischen Mensch und Maschine eröffnete – die von den Autoren dieses Buches organisiert wurde – und die zwischen Dr. Marion Tinsley und dem *Chinook*-Computerprogramm ausgetragen wurde.

Unsterblichkeit: möglich und erstrebenswert?

Professor Minsky:

„Jeder Mensch wünscht sich Weisheit und Reichtum, aber es ist durchaus möglich, daß unsere Körper abgenutzt sind, bevor wir das erreichen können. Damit wir unser Leben verlängern und unser Gehirn verbessern können, müssen wir Körper und Gehirn transformieren. Damit wir das aber können, müssen wir uns zunächst mit der Evolution befassen, die uns zu dem gemacht hat, was wir sind. Dann können wir uns um zukünftige Techniken kümmern, mit denen wir Ersatzteile für abgenutzte Körperteile und Organe herstellen und somit unsere Gesundheitsprobleme lösen können. Des weiteren suchen wir nach Weisheit, mit der wir unser Gehirn voranbringen können, um es letztlich mit Hilfe der Mikrotechnologie zu ersetzen. Dann, nachdem wir uns von den biologischen Grenzen befreit haben, werden wir uns entscheiden müssen, wie lange wir leben wollen – wobei Unsterblichkeit eine Option ist – und welche anderen Fähigkeiten, die wir uns heute noch gar nicht vorstellen können, wir erlangen möchten. In solch einer Zukunft ist es nicht schwer, reich zu werden, aber den Reichtum zu beherrschen, das wird schwierig sein.

Es ist sicherlich nicht einfach, sich das alles vorzustellen, und viele Denker behaupten, daß solche Fortschritte unmöglich sind – insbesondere im Bereich der künstlichen Intelligenz. Aber die Wissenschaften, die diesen Wandel herbeiführen werden, sind bereits vorhanden und wir sollten überlegen, welche Rolle sie spielen werden."

Gesundheit und Langlebigkeit

„In jüngster Zeit haben wir viel über unsere Gesundheit gelernt und wie wir sie erhalten können. Wir verfügen über zahllose Behandlungsmethoden, mit denen wir Krankheiten und Behinderungen zu Leibe rücken. Wir haben die maximale Lebensspanne bisher jedoch nicht erweitern können.

Benjamin Franklin wurde 84 Jahre und trotz populärer Legenden ist bisher niemand doppelt so alt geworden. Nach Schätzungen von Roy Walford, Pathologieprofessor an der *UCLA Medical School,* betrug die durchschnittliche Lebensspanne im alten Rom 22 Jahre, in den westlichen Ländern zu Anfang dieses Jahrhunderts 50 Jahre und heute liegt sie bei 75 Jahren. Dennoch liegt das Spitzenalter bisher scheinbar bei etwa 115 Jahren. Die im Laufe der Jahrhunderte immer besser werdende medizinische Versorgung scheint keinen Einfluß auf das belegte Maximalalter von 120 Jahren gehabt zu haben."

Jean Calment ist bisher die einzige Person, die diese Grenze durchbrochen hat, aber dennoch scheint unsere Lebensspanne begrenzt zu sein. Weshalb? Professor Minsky weiter:

„Die Antwort ist ganz einfach. Die natürliche Auswahl fördert die Gene jener Menschen, die die meisten Nachkommen haben. Diese Zahl wächst mit jeder folgenden Generation exponentiell und fördert somit die Gene, die sich in jungen Jahren fortpflanzen. Des weiteren fördert die Evolution im allgemeinen keine Gene, die das Alter weit über die Zeit hinaus verlängern, die man für die Sorge für seine Nachkommen benötigt. Es liegt sogar nahe, daß die Evolution jene Generationen fördert, die nicht mit ihren Vorfahren konkurrieren müssen. Diese Auslese könnte sogar die Akkumulation jener Gene fördern, die den Tod verursachen."

Kraken

„Direkt nach dem Laichen hört die Mittelmeerkrake beispielsweise auf, sich zu ernähren und verhungert. Wenn man jedoch eine bestimmte Drüse bei den Kraken entfernt, ernähren sie sich auch weiterhin und werden doppelt so alt. Auch viele andere Tierarten sind darauf programmiert, kurz nach der Fortpflanzung zu sterben. Die langlebigen Tierarten, wie wir selbst oder die Elefanten, sind in dieser Hinsicht eine Ausnahme der Natur, aber das liegt daran, daß unsere Nachfahren stark von der Übertragung des angesammelten Wissens profitieren.

Wir Menschen sind anscheinend der langlebigste Warmblüter. Welche natürlichen Auswahlkriterien haben wohl dazu geführt? Das hat etwas mit Weisheit zu tun! Von allen Säugetieren sind unsere Kinder am schlechtesten ausgerüstet, um aus eigener Kraft zu überleben. Daher brauchen wir unsere Eltern, damit sie uns versorgen und uns ihre Überlebenstips weitergeben. Weshalb leben wir doppelt so lange wie unsere nächsten Verwandten bei den Primaten? Vielleicht, weil unsere Hilflosigkeit derart extrem ist, daß wir auch die Hilfe unserer Großeltern benötigen.

Was auch immer die unbekannte Zukunft uns bringen wird, wir verändern die Regeln, nach denen wir erschaffen wurden, bereits heute (ein Punkt, der die Forschungen von Dr. Suzuki, die wir bereits erwähnt haben, untermauert). Obwohl die meisten Menschen sich vor Veränderungen fürchten, werden andere unsere gegenwärtigen Grenzen sicherlich durchbrechen. Ich habe diese Gedanken in unterschiedlichen Gruppen erörtert und sie hinterher in informellen Fragebögen um ihre Reaktion gebeten. Es hat mich überrascht, daß mindestens drei Viertel der Zuhörer sich gegen die Idee verwahrten, ein bedeutend längeres Leben zu führen. Viele waren sogar der Meinung, daß unsere heutige Lebensspanne eigentlich schon viel zu lange sei. ‚Weshalb sollte man 500 Jahre lang leben wollen?' ‚Wäre das nicht langweilig?' ‚Was, wenn man all seine Freunde überleben würde?' ‚Was soll man bloß mit der ganzen Zeit anfangen?'

Brain Flash

Eine andere Zukunftsvision ...

Die Aussicht auf eine zunehmend pflegebedürftige ältere Bevölkerung und die finanziellen Ressourcen, die das binden würde, beunruhigt die westliche Welt in zunehmendem Maße. In Großbritannien, Deutschland, Japan, Amerika, Frankreich und Italien geht man davon aus, daß es einige Jahre nach der Jahrtausendwende immer weniger Menschen geben wird, die mit ihrer Arbeitskraft eine immer größere, ältere und zunehmend gebrechliche Bevölkerungsschicht unterstützen müssen. Entweder müssen die Steuern steigen oder die Renten fallen, wenn der Haushalt nicht überstrapaziert werden soll.

Auf der persönlichen Ebene lautet die Antwort in Sir Brian Toveys Worten natürlich: ein eigenes Unternehmen zu gründen und einfach nicht in den Ruhestand zu gehen.

Aber meine Freunde in der Wissenschaft haben diese Sorgen keineswegs. ‚Es gibt zahllose Dinge, die ich herausfinden möchte und so viele Probleme, die ich gerne lösen würde, daß ich dazu einige Jahrhunderte brauchen könnte.‘

Sicherlich wäre Unsterblichkeit ziemlich unattraktiv, wenn es endlose Krankheit, Debilität und Abhängigkeit bedeuten würde – aber wir gehen von einem Zustand vollkommener Gesundheit aus.‘‘

Das sind faszinierende Einsichten eines Spitzenwissenschaftlers an vorderster Front des heutigen Denkens über das Alter. Jetzt wollen wir uns anderen Zukunftsvisionen zuwenden.

Zukunftsprognosen

(basierend auf Schlußfolgerungen britischer Pensionsfonds und Versicherungsgesellschaften)

Die traditionellen Laufbahnen sind im Wandel begriffen. Die Firma ist kein „Vater‘‘ mehr, und das Konzept, von der Wiege bis ins Grab beim selben Unternehmen tätig zu sein, gehört der Vergangenheit an. Die Hersteller goldener Uhren für die Pensionierung sehen schlechten Zeiten entgegen. Nur noch einer von drei Arbeitern oder Angestellten hat einen regulären Arbeitsplatz (von 9 bis 17 Uhr).

Im Jahre 1970 arbeiteten 41 % der männlichen Arbeitskräfte in der Industrie. Gegenwärtig liegt diese Zahl bei etwa 28 %. Die Zahl der Mitarbeiter bei großen Unternehmen (über 500 Mitarbeiter) ist in der gleichen Zeit von 43 auf 34 % gesunken. Der Trend geht hin zu Teilzeitjobs, die entweder sehr schlecht (etwa eine Million Menschen verdienen in Großbritannien £ 2,50 und weniger pro Stunde) oder sehr gut verdienen. In beiden Fällen zahlt der Arbeitgeber jedoch keinen Pfennig in die Rentenkasse, für Mutterschaftsurlaub oder in die Krankenkasse.

Der Staat fungiert nicht mehr als „Mutter‘‘ – und man kann das auch nicht mehr erwarten! Die traditionellen Sozialausgaben sind über Steuern nicht mehr zu finanzieren.

Die beiden großen politischen Parteien in Großbritannien (Konservative und Sozialdemokraten) geben informell zu, daß der Staat die Rentenkassen und Sozialausgaben auf Dauer nicht mehr finanzieren kann. Der Grund dafür ist in jeder Familie sichtbar: Die Menschen leben länger. Anfang dieses Jahrhunderts erreichte nur einer von 700 sein 80. Lebensjahr. Mitte des nächsten Jahrhunderts wird dies wahrscheinlich einer von sieben sein. Das Verhältnis arbeitende Bevölkerung (die in die Kranken- und Rentenkassen einzahlen) und Ruheständler könnte bis auf 3:1 sinken.

Brain Flash

Die Erwartungen im Arbeitsleben stehen kopf

Das Leben beginnt mit 40 und für eine zunehmende Anzahl Menschen der oberen Etagen auch die Alterswürde. Wir sehen in zunehmendem Maße die unglaublich schrumpfende Karriere, bei der immer mehr Leute im 40. Lebensjahr tun, was ihre Vorgänger erst mit 50 oder 60 tun durften. Nicht nur Rockstars, Tennisspieler und Polizisten sehen heute ziemlich jung aus, sondern auch Premierminister, Oppositionsführer und Bankdirektoren.

Was werden diese immer noch jungen Spitzenkräfte tun, wenn sie keine Energie und Initiative mehr haben? Eine permanente Revolution zu orchestrieren, dürfte nach einem Jahrzehnt auch ermüdend sein, aber auch dann sind diese Spitzenkräfte noch weit von ihrer Pensionierung entfernt. Die keilförmige Laufbahn ihrer Vorgänger sah anders aus: Stetige Beförderungen von 20 bis 60 und eine plötzliche Pensionierung am Ende. Die heutigen Laufbahnen sind pyramidenförmig und die Spitze liegt in der Mitte.

Wie die Betroffenen mit dem langsamen Rückgang umgehen, ist ziemlich unterschiedlich. Manche werden glücklich sein, endlich Interessen nachgehen zu können, die sie zuvor nicht verfolgen konnten. Manche können sich recht gut als Berater, Teilzeitvorsitzender oder Teilzeitdirektor verdingen: Sie verfügen über ein „Gesamtpaket" an Fähigkeiten.

Andere hingegen verbittern: „Das Problem liegt darin, daß viele Menschen so lange nicht von der Rolltreppe steigen, bis sie hinunterfallen. Bisweilen machen sie sich Sorgen um die Einsamkeit des Ruhestands und daß sie nicht genug zu tun haben. Eine furchterregende Aussicht."

Eine Umfrage im *The Independent on Sunday* warnte die Leser, es sei zu erwarten, „daß die staatliche Rentenversorgung, Arbeitslosenversicherung und langfristige Gesundheitsvorsorge privatisiert werde und man sich selber darum kümmern müsse."

Sie werden oft den Job wechseln – entwickeln Sie also Ihre eigene Vielseitigkeit. Im heutigen Jargon: Schaffen Sie sich ein „Gesamtpaket" an Fähigkeiten. In dieses Paket gehört sicherlich der perfekte Umgang mit Computern und eine oder zwei Sprachen. Sie sollten sich noch immer spezialisieren, aber in mehreren Bereichen. So wären beispielsweise Marketingmanager ziemlich verletzlich, wenn sie ihr Fachwissen nur auf die Autoindustrie beschränkten; sie sollten vielmehr auch ihr Wissen im Büromaschinenbereich und der Computerindustrie erweitern. Wahrscheinlich werden sie einige Jahre in dem einen oder anderen Bereich arbeiten und dann eine Weile ohne Arbeit sein – vielleicht sogar auf eigenen Wunsch.

Häuser – mieten oder kaufen? Sie werden wahrscheinlich immer noch ein eigenes Haus kaufen wollen, aber Sie werden vermutlich viel länger in Mietwohnungen leben, bevor Sie Kinder haben. Und wenn Sie dann kaufen, werden Sie vorsichtig sein bei der Wahl Ihrer Hypothek. Sie werden im Grünen wohnen wollen, was natürlich seinen Preis haben wird. Und Kommunikationsverbindungen werden fast so wichtig sein wie Züge und Busse.

Die gute Nachricht – Sie werden länger leben. Die durchschnittliche Lebenserwartung für Männer liegt derzeit bei 74 und für Frauen bei 80 Jahren, obwohl viele natürlich bedeutend älter werden. In der Zukunft wird das Durchschnittsalter bei einem bislang unbekannten, aber sicherlich recht hohen Alter liegen. Und im allgemeinen werden Sie weniger Gewicht auf die Waage bringen, sich gesünder ernähren (weniger Zucker und Milchprodukte, mehr Salate und Früchte) und öfter trainieren.

Der Gesamttrend läuft sicherlich darauf hinaus, daß wir uns alle weit mehr als bisher auf uns selbst verlassen werden.

Schluß

Welche Schritte sollte ich nun unternehmen?

Wir sind zum Schluß unseres Buches gekommen und es ist an der
Zeit, unsere Botschaft noch einmal zusammenzufassen. Wir haben
erläutert, wie sich die Schaltkreise in unserem Gehirn mit zunehmendem Alter physisch verbessern lassen und daß Ihr Gedächtnis
im Laufe der Jahre keineswegs nachlassen muß – es kann (und sollte) vielmehr verbessert werden. Wir haben wichtige mentale Fitneß-
techniken erörtert, wie beispielsweise PEFNAT, metapositives Denken, Mindmapping und Mnemotechniken, und wir haben die große
Bedeutung aufgezeigt, die Herausforderungen spielen. Wir haben
Ihnen auch einige Abtrünnige von der Norm vorgestellt, die sich
auch in späteren Jahren immer noch neuen Herausforderungen widmen. Das können Sie auch tun! Dies ist Ihre Zukunft!

Wie Sie eine eigene Strategie entwerfen

Entsinnen Sie sich einer der wichtigsten Aussagen dieses Buches: Ihre Gehirnzellen sterben keineswegs Tag für Tag ab. Am wichtigsten
sind die Verbindungen zwischen den Gehirnzellen und die Fähigkeit,
neue Assoziationen zu schaffen und neue Dinge zu erlernen – und das
können Sie kontinuierlich steigern.

Je mehr Sie Ihr Gehirn anregen, desto größer ist Ihr Potential – und
das gilt für jedes Alter. Jüngste medizinische Untersuchungen bieten
einen Hinweis darauf, daß sie damit sogar der Alzheimer-Krankheit
und Gehirnschlägen vorbeugen.

Praktische Schritte

Achten Sie auf Ihre körperliche und mentale Gesundheit. Bedenken
Sie: Ihr Gehirn ist Teil Ihres Körper.

Falls Sie rauchen, schränken Sie dies immer mehr ein und hören
Sie schließlich gänzlich auf. Falls Sie dem Alkohol übermäßig zuge-

tan sind, schränken Sie diese Gewohnheit ein. Lassen Sie sich einmal im Jahr medizinisch durchchecken. Fragen Sie Ihren Arzt nach Ihrem Idealgewicht und arbeiten Sie daran, es zu erreichen. Beginnen Sie mit Körpertraining und fördern Sie Ihre mentale Klarheit mit Denksport, Schach, Scrabble, Dame, Bridge oder Go.

Seien Sie sich der phänomenalen Möglichkeiten Ihres Gehirns bewußt. Es ist die komplizierteste Struktur, die wir kennen. Benutzen Sie Mind-Maps, um den ganzen Bereich der Ressourcen und Fähigkeiten Ihres Großhirns zu aktivieren! Sie bringen damit Ordnung in Ihr Denken, können besser kommunizieren und verbessern Ihr Gedächtnis, wodurch Sie sich besser an Fakten und Gedankengänge erinnern können.

Bedenken Sie immer: Je mehr Sie lernen, desto leichter wird es Ihnen fallen, noch mehr zu lernen. Folgen Sie unseren einfachen Tips von Kapitel drei, wie Sie mit hoher Geschwindigkeit lesen können, und verbessern Sie mit Mnemotechniken Ihre Gedächtnisleistungen.

Wie Sie Ihre Gewohnheiten ändern

Nutzen Sie metapositives Denken, um sich zum Positiven zu wandeln, um alte Gewohnheiten loszuwerden und gute, neue anzunehmen. Folgen Sie dabei dem PEFNAT-Prozeß: Probieren, Ereignis, Feedback, Nachprüfen, Anpassen, Triumph. Bedenken Sie, die wichtigsten Botschaft des metapositiven Denkens lautet: Es ist nie zu spät. Das gilt, ob Sie nun mit einer anspruchsvollen, neuen mentalen Übung, wie beispielsweise Schach, beginnen, eine neue Fähigkeit, wie das Tanzen, oder ein Supergedächtnis entwickeln, eine neue körperliche Betätigung, wie Jogging oder Kampfsport, aufnehmen oder versuchen, Ihre Raucherei, den Alkoholkonsum oder Übergewicht zu reduzieren.

Kurz und gut: Beschließen Sie ein Abtrünniger von der Norm zu werden!

Als nächstes haben wir sechs goldene Regeln aus den Erfahrungen von Sir Brian Tovey herausgearbeitet, die Ihnen auf Ihrem Weg helfen können, mit zunehmendem Alter immer mehr – statt weniger – zu erreichen:

Toveys Lösung

1. Bleiben Sie, körperlich und mental, absolut fit.
2. Seien Sie für den Wandel bereit und heißen Sie ihn willkommen.
3. Fordern Sie sich selbst heraus – seien Sie zum Sprung bereit und erfinden Sie sich neu.
4. Haben Sie den Mut, Ihr eigener Meister zu sein – egal, wie alt Sie sind.
5. Arbeiten Sie zusammen mit einem liebevollen und unterstützenden Verbündeten (sofern möglich).
6. Genießen Sie, was Sie tun und tun Sie, was Sie genießen. Gehen Sie keinesfalls in den Ruhestand!

Wahrheit und Irrtum

Zeichnen Sie Ihr Bild vom „Alter" auf ein Blatt Papier.

In Umfragen der letzten 20 Jahre wurden 10.000 Menschen gebeten, ihr Bild vom Alter zu zeichnen – 80 bis 100 % zeichneten negative Bilder. Anschließend wurden die gleichen Personen gefragt, ob sie jemanden über 75 kannten, der nicht in das negative Bild paßte. Ermutigende Tatsache (und *keine* Überraschung): Fast alle Zuhörer hoben ihre Hand und unterstrichen damit die Tatsache, daß es abermillionen „statistische Abweichungen" gibt, wie wir in Kapitel vier erwähnten: Die Abtrünnigen von der Norm.

Wie Sie wissen, entwickelt das Gehirn sich in Richtung der Bilder, die es hegt. Wenn Sie daher das Alter als etwas Morbides und Depressives betrachten, lenken Sie Ihr eigenes Leben daher unbewußt in diese Richtung, wie ein Geschoß auf dem Weg ins Verderben.

Falls Sie einen Krückstock, einen Totenkopf oder einen Grabstein oder ähnliches gezeichnet haben, dann zeichnen Sie nun einen großen Kreis um dieses Bild und daneben ein Ausrufezeichen – speichern Sie dieses Bild als das letzte derartige Bild vom Alter in Ihrem Gedächtnis ab. Ihr Idealbild wäre wahrscheinlich ein lächelndes Gesicht, ein Weltreisender, ein gesunder und sinnlicher Mensch, ein Athlet, ein Bergsteiger oder ein Multimillionär!

Alle Fragen aus der Einführung des Buches sind nun beantwortet, und die Antworten wurden mit erreichbaren, positiven, konkreten und praktischen Schritten untermauert – keine einzige ist zu obskur, abstrakt oder schwierig, als daß Sie sie nicht nachvollziehen könnten. Sie alle, die Sie dieses Buch gelesen haben, haben sicherlich eine inspirierende Botschaft vorgefunden, die Sie ermutigt, mit zunehmendem Alter immer besser zu werden, und die Ihnen zeigt, wie Sie das einfach und zweifellos selbst tun können.

Der letzte Schritt: der *International Brain Club*

„Der Kongreß der Vereinigten Staaten von Amerika beschließt hiermit, daß das Jahrzehnt, beginnend am 1. Januar 1990, zum „Jahrzehnt des Gehirns" ausgerufen wird; er autorisiert und ersucht den Präsidenten der USA hiermit, eine Proklamation zu erlassen, die Behörden und die Bevölkerung der USA zu bitten, dieses Jahrzehnt mit geeigneten Programmen und Aktivitäten zu fördern." Angenommen am 25. Juli 1989.

Werden Sie Mitglied im *International Brain Club* und treffen Sie andere Menschen, die bis ins höchste Alter alert bleiben und ihre mentalen Leistungen steigern möchten. Tony Buzan äußerte 1973 als internationaler Redakteur der Zeitschrift *Mensa* erstmals die Idee, einen *International Brain Club* zu gründen. Die Idee fand Zuspruch und der *Brain Club* wurde geboren. Die erste Niederlassung wurde in Bournemouth eröffnet, und im Winter 1989/90 wurde die erste Ausgabe von *Synapsia* (heute *Use Your Head/Synapsia)*, die Mitgliederzeitschrift des *International Brain Club,* veröffentlicht.

Die Ziele des Club sind:

1. Die Förderung der persönlichen Entwicklung der Mitglieder und ihrer Familien.
2. Die Förderung der Entwicklung einer weltweiten Kultur der Bildung und Höchstleistung.
3. Die Bereitstellung finanzieller Mittel zum Zwecke der Erforschung von Gedankenprozessen und Denkmechanismen beim Lernen, Verstehen, Kommunizieren, Problemlösen, bei der Kreativität und Entscheidungsfindung.
4. Die Verbreitung von Information und Unterricht von Techniken, die das Gehirn effektiv nutzen. Die Zeitschrift *Use Your Head/Synapsia* hält die Mitglieder über die jüngsten Forschungsresultate und Ideen von Tony Buzan und Ray Keene stets auf dem laufenden.

Der *International Brain Club* ist dazu da, Sie beim nächsten Entwicklungssprung zu unterstützen, nämlich so, daß die Intelligenz sich ihrer selbst bewußt wird und erkennt, daß sie zu ungeahnten Höhen steigen kann. Der Klub befaßt sich vornehmlich mit dem Gedächtnis, Hochgeschwindigkeitslesen, Mindmapping, kreativem Denken und Lern- und Studieninstrumenten.

Es liegt auf der Hand, daß die Prioritäten des *International Brain Club* mit den Empfehlungen von Dr. Arnold Scheibel, Leiter des Gehirnforschungsinstituts der UCLA, übereinstimmen, wie man die Intelligenz fördert und zudem neue Schaltkreise im Gehirn aufbaut (siehe Kapitel 13).

Mitglieder des *International Brain Club* können als „einzelnes" Mitglied an ihrem eigenen persönlichen Programm arbeiten oder sich in örtlichen „Zellen" oder Klubs treffen. Inzwischen haben sich viele solcher örtlicher Klubs gegründet und treffen sich meist zweiwöchentlich oder monatlich. Die Treffen werden in den Wohnungen von Mitgliedern, Nachbarschaftszentren, Schulen, Büros, Universitäten oder an anderen Orten abgehalten, wo man sich verbessern, forschen und bilden kann, und zwar in allen Bildungsbereichen, und wo man Menschen mit den gleichen Zielen und Interessen findet, neue Freundschaften schließt und gemeinsam viel Spaß hat.

Manchmal werden auch Experten oder Vortragsredner eingeladen oder praktische Projekte durchgeführt, wie beispielsweise in London, wo man jeden Monat gemeinsam das Mindmapping und Mnemotechniken trainiert.

Falls Sie weitere Informationen wünschen oder dem Klub beitreten möchten, nehmen Sie Kontakt mit uns auf:

The International Brain Club
PO Box 1821
Marlow
Bucks SL7 2YW
Großbritannien
Internetadresse: http://www.Buzan.com
Tel.: 0044 (0) 1628 477004

In Deutschland hat sich MENSA e.V. als Verein der hochintelligenten Menschen der Förderung und der Beschäftigung mit mentalen Fähigkeiten angenommen. Auch hier können Sie Mitglied werden, die Kontaktadresse lautet:

MENSA in Deutschland e.V.
Cirsten Novellino
Einsteinstraße 1
82152 Planegg
Tel.: 089/85 66 38 00
Fax: 089/85 74 974
Internet: http://www.germany.mensa.org

„Brain-of-the-Year"-Wettbewerb – Wie Sie teilnehmen können

Der *Brain Trust* würde sich freuen, wenn Sie an dem „Brain-of-the-Year"-Wettbewerb teilnehmen und/oder jemanden für diesen Preis nominieren möchten und steht Ihnen natürlich bei der Vorbereitung von Programmen, Artikeln und Vorausscheidungen zu diesem alljährlichen Ereignis zur Seite. Weitere Informationen erhalten Sie bei folgender Adresse:

The Brain Trust
8 Cresswell Gardens
London SW5 OBJ
Großbritannien
Tel.: 0044 (0) 171–373 4457
Fax: 0044 (0) 171–373 8673

Tony Buzans mentales Bildungsprojekt

Es wurden verschiedene Umfragen durchgeführt, um festzustellen, wie viele Menschen weltweit vom Mindmapping gehört haben, und wir wissen bereits, obwohl die Umfragen noch nicht abgeschlossen sind, daß diese Zahl über 200 Millionen liegt. Es ist Tony Buzans Ziel, daß 10 % der Erdbevölkerung bis Anfang 1999 mental gebildet sind. Er ist daher an allen Ideen interessiert, wie er das Konzept der Mind-Maps mehr Menschen zugänglich machen kann. Wenn Sie also eine Idee haben, würde er gerne Ihren Vorschlag hören. Sie können ihm schreiben: Zu Händen des *International Brain Club* (S. 199).

Literaturhinweise & Bibliographie

In den Literaturhinweisen finden Sie eine breite Auswahl an Büchern über neue Sichtweisen zum Thema Gehirn.

Um Sie bei der Auswahl zu unterstützen, wurden die Bücher in folgende Kategorien eingeordnet:

1. Anwendung/Praxis
2. Geschäftsleben
3. Bildung
4. Literatur
5. Körper und Geist
6. Perspektiven
7. Gehirnphysiologic und Psychologie
8. Besondere Bücher und Denksport

Anwendung/Praxis

Buzan, Tony, *Speed Memory*, Newton Abbot: David & Charles (1976)
- *Speed Reading*, mvg, 4. Aufl. (1998)
- *Make the Most of Your Mind*, London: Pan (1981)
- *The Brain Users Guide*, New York: E.P. Dutton (1983)
- *Use Your Perfect Memory*, New York: E.P. Dutton (1984), Viking Penguin NAL (1990)
- *Harnessing tbe Parabrain*, London: Wyvern Business Books (1988)
- *Master Your Memory*, London: BBC Books (1989)
- *Use Your Head*, London: BBC Books (1989). Auch veröffentlicht als *Use Both Sides of Your Brain*, New York: E.P. Dutton, Viking Penguin NAL (1990)
- *Use Your Memory*, London: BBC Books (1989)
- *Das Mind-Map-Buch,* mvg, 4. Aufl. (1999)
- und Keene, Raymond, *Buzan's Book of Genius*, London: Stanley Paul (1994)
- De Bono, Edward, *Serious Creativity,* Schaeffer-Poeschel (1996)
- *Six Thinking Hats*, London: Penguin (1984)
Eysenck, H.J., *Intelligenz-Test,* Rowohlt (1974)

Gelb, Michael, *Sich selbst präsentieren,* GABAL (1997)
– und Buzan, Tony, *Die Kunst des Jonglierens,* Droemer Knaur (1998)
Huxley, A., *Die Kunst des Sehens,* Piper (1996). Das Buch basiert auf der Arbeit von W.H. Bates, die davon ausgeht, daß die Augen „gesellschaftlich" verursachte Kurz- und Weitsichtigkeit „wegtrainieren" können ...
Serebriakoff, V., *How intelligent Are You?,* New York: New American Library (1968)
Wilson, Glenn, *Improve Your IQ,* London: Futura (1974)

Geschäftsleben

Drucker, Peter F., *Innovation and Entrepreneurship,* London: Pan (1970)
Naisbitt, John, *Megatrends 2000,* London: Sidgwick & Jackson, New York: William Morrow (1990)
Roberts, Wess, *Attila-Management,* Hoffmann und Campe (1990)
Townsend, R., *Up the Organisation,* London: Coronet (1976)

Bildung

Devi, Shakuntala, *Figuring – The Joy of Numbers,* London: André Deutsch (1977)
Gawain, S., *Creative Visualisation,* Toronto: Bantam (1978)
Kandel, E.R. und Schwartz, J.H., *Molecular Biology of Learning; Modulation of Transmitter Release,* Science, Vol. 218, S. 433–443 (1982)
Reid, G., *Accelerated Learning: Technical Training Can Be Fun, Training & Development Journal,* Vol. 39 (9), S. 24–27 (1985)
Robinson, A.D., *What You See is What You Get, Training & Development Journal,* Vol. 38 (5), S. 34–39 (1984)
Trachtenberg, J., *Speed System of Basic Mathematics,* London: Souvenir Press (1989)

Literatur

Borges, J.L., *Fictions*, London: Calder Jupiter Books (1965) (insbesondere „*Tunes, the Memorious*")
Kawabata, Yasunari, *The Master of Go*, London: Penguin (1976)
Saint-Exupéry, Antoine de, *Der kleine Prinz*, K. Rauch (1998)

Körper und Geist

Alexander, P.M., *The Use of the Self*, London: Thames & Hudson (1974)
Bates, W.H., *Rechtes Sehen ohne Brille*, K. Rahm (1999)
Carper, Jean, *Jungbrunnen Nahrung*, Econ (1998)
Gelb, Michael, *Körperdynamik*, Ullstein (1999)

Perspektiven

Bergamini, D., *The Universe*, Amsterdam: Time Life Series (1974). Eine dichterische, bunte und wundervoll illustrierte Beschreibung des Universums, voll nützlicher Analogien über unser sich stetig erweiterndes Wissen über das Gehirn.
Chopra, Deepak, *Länger leben und jung bleiben – Your Ageless Body*, Lange Media (1995)
Crawford, Prof. Michael und Marsh, David, *Driving Force: Food Evolution and the Future*, London: Heinemann
Hooper, J. und Teresi, D., *The Three-Pound Universe*, New York: Dell Publishing (1986)
Howe, M.J.A., *Using Students' Notes to Examine the Role of the Individual Learner in Acquiring Meaningful Subject Matter, Journal of Educational Research*, Vol. 64, S. 61–63
– und Godfrey, J., *Student Note-Taking as an Aid to Learning*, Exeter: Exeter University Teaching Services (1977)
Hunt, E., *How Good Can Memory Be? Encoding processes in human memory*, edited by A.W. Melton und E. Martin, Washington, DC: Winston/Wiley, S. 237–260 (1972)
Hunter, I.M.L., *An Exceptional Memory, British Journal of Psychology*, Vol. 68, S. 155–164 (1977)
Leavitt, Harold J., *Managerial Psychology*, Chicago: University of Chicago Press (1978)

Luria, A., *Mind of a Mnemonist*, London: Jonathan Cape (1969). Das Originalbuch des Psychologen, der das Gehirn von Schereschewski studierte, ein Russe mit dem vollkommenen Gedächtnis. Sollte nicht nur als Fall studiert werden, sondern auch als Handbuch.

Gehirnphysiologie und Psychologie

Haber, Ralph, *How We Remember What We See, Scientific American*, Vol. 105 (Mai 1970)

Ornstein, Robert., *The Psychology of Consciousness*, London: Penguin, New York: Harcourt Brace Jovanovich (1977). Das Buch von Ornstein über die von ihm gemeinsam mit Roger Sperry und anderen durchgeführte Forschung über die rechte und linke Gehirnhälfte, mit Kommentaren über die Anwendung der Forschung auf den einzelnen und die Gesellschaft.

Penfield, W. und Perot, P., *The Brain's Record of Auditory and Visual Experience: A Final Summary and Discussion, Brain*, Vol. 86, S. 595–702

– und Roberts, L., *Speech and Brain-Mechanisms*, Princeton, N.J.: Princeton University Press (1959)

Reystak, P.M., *The Mind*, Toronto: Bantam (1988)

Robertson-Tchabo, E.A., Hausman, C.P. und Arenberg, D., *A Classical Mnemonic for Older Learners: A Trip That Works*, in *Adult Development & Ageing*, Boston: Little, Brown (1982)

Russel, Peter, *The Brain Book*, London: Routledge & Kegan Paul (1979). Die Geschichte psychologischer Forschung, die zur Entwicklung der Brain-Klub/Use-Your-Head-Club-Idee führte und auf Forschung von Tony Buzan basiert.

Schaie, K.W. und Geiwitz, J., *Adult Development & Ageing*, Boston: Little, Brown (1982)

Serebriakoff, Victor, *Guide to Intelligence and Personality Testing*, New York: New American Library (1968)

Standing, Lionel, *Learning 10,000 Pictures, Quarterly Journal of Experimental Psychology,* Vol. 25, S. 207–222

Walsh, D.A., *Age Differences in Learning & Memory, in Ageing*: *Scientific Perspectives and Social Issues*, Monterey, California: Books/Cole Publishing (second edition 1975)

Yates, P.A., *The Art of Memory*, London: Routledge & Kegan Paul (1966), Ark (1984)

Besondere Bücher und Denksport

Boorman, Scott A., *The Protracted Game*, Oxford: Oxford University Press (1971). Eine Interpretation von Mao Zedongs Militätstrategie als riesiges Go-Spiel.

Burke, James, *The Day the World Changed*, London: BBC Books (1981)

Carroll, Lewis, *Alice in Wonderland* (Kartenspiel)

Carroll, Lewis, *Alice Through the Looking Glass* (Schach)

Caroll, Lewis, *Das Spiel der Logik,* Tropen Verlag (1997)

Keene, Raymond, *Chess for Absolute Beginners*, London: Batsford (1993)

– *Kingfisher Packet Book of Chess*, London: Kingfisher (1994)

– und Divinsky, Nathan, *Warriors of the Mind*, London: Hardinge Simpole Publishing (1989)

– und Kasparov, Garry, *Batsford Chess Openings for Two*, London: Batsford (1993)

Quellenangaben der „Brain Flashes"

S. 8 *Successful Ageing: Perspectives from the Behavioural Sciences,* Paul B. und Margaret M. Baltes, Cambridge University Press, 1993

S. 13 *International Herald Tribune,* 1. März 1994

S. 16 Graham Sarjeant in *The Times,* 1994

S. 20 *The Times,* 29. September 1994

S. 31 *The Independent on Sunday Review,* 21. Mai 1995

S. 33 *International Herald Tribune,* 1995

S. 58 *USA Today,* 9. Mai 1995

S. 60 Gehirnforschungsinstitut der UCLA, Juli 1994

S. 64 National Institute of Ageing, 1. März 1984

S. 65 *Competitive Advantage Through Diversity,* Peter Herriot und Carole Pemberton

S. 78 *Life* Magazine, Juli 1994

S. 86 *Time* Magazine, 6. März 1995

S. 89 *The Times,* 22. Februar 1995

S. 109 *Journal of the American Medical Association,* Mai 1995

S. 115 *The Observer,* 9. Oktober 1994

S. 116 *The European* Magazine, Mai 1995

S. 118 *Time* Magazine, Juli 1995
S. 122 *The Times,* 12. Mai 1995
S. 130 *Life* Magazine, Juli 1994
S. 137 K.W. Schaie und J. Geiwitz, 1982
S. 156 *The Independent,* 1. October 1994
S. 157 *The Times,* 17. Mai 1995
S. 160 *The Times,* 28. Januar 1995
S. 163 *The Times,* 1. Juli 1995
S. 164 *Personnel Today,* 25. Mai 1995
S. 166 *The Sunday Times,* 26. Juni 1995
S. 167 *Life* Magazine, Juli 1994
S. 172 *International Herald Tribune,* 1. März 1984
S. 185 *Forbes* Magazine, 13. März 1995
S. 186 *Tomorrow's World* BBC-TV-Serie, 7. Juli 1995
S. 190 *The Times,* Leitartikel, 21. Juni 1995
S. 192 Prognosen der Experten von Scottish Amicable, zitiert in *The Times,* Mai 1995.
S. 192 *The Times,* 1. Oktober 1994

Stichwortverzeichnis